사랑은 **19금**이 아니다!

# 아슬아슬한 연애 인문학

윤이희나 글 | 이진아 그림

한겨레에듀

　배움이란 학교에서만 이루어진다고 믿던 그 시절, 나는 요즘말로 로드 스쿨러(road schooler)로 십대의 후반부를 보냈다. 학교를 그만두고 만난 대안 교육 출판사, 학교를 나온 아이들의 탈학교 모임, 하자 센터, 한국 곳곳의 세계 예술제, 그리고 아르바이트로 모은 130만 원을 들고 자전거를 타고 돌아다녔던 유럽의 여러 나라들이 로드였으며, 그대로 나에게는 여러 형태의 학교였다.
　이처럼 학교를 벗어나 길 위에서 신나게 배우고 논 삶의 이력 덕분에 어린 친구들을 많이 만나 왔다. 이십대 중반을 넘길 무렵엔 초등 대안 학교 교사로 어린 친구들을 만났고, 그후 청소녀, 청소년들을 만나 왔다. 물론 20여 년을 살아오면서 위아래로 띠동갑이 넘는 친구들을 많이 사귀어 왔으니, 십대라는 존재가 내게 그렇게 생소하진 않았다. 그리고 나 역시 십대를 화려하고 불량하게(?) 보낸 사람이니 잘 통했고. 그런데 대안 교육 공간 '민들레'에서 일하며 우글우글한 십대 소녀소년들과 지내 보니, 그들의 삶이 생방송 리얼리티 프로그램처럼 여과 없이 시야에 들어왔다. 특히 그들의 연애 행각은 내게는 염장이 쿡쿡 쑤시는 배 아픔이요, 뭇 어른들에게는 불편한 현실이었다. 책 창고에 숨어서 키스하고 있는 두 연놈, 출입문 쪽 소파에 뒤엉킨 채 자빠져 있는 세 연놈놈, 집에다 거짓말하고 몰래 단체 외박을 했는데 뭐 어찌어찌했다는 등등 오색찬란한 이야기들이 끊임없이 팡팡 터져 나왔다. '삶으로 배운다', '돌봄과 배움의 공동체' 따위의 테제가 존중받는 대안 교육 현장에서도 이런 춘정 발랄한 연애 행태는 어른들이 이해하기엔 너무 어려운 퍼즐인 건 확실했다.

무릇 연애라는 게 사람과 사람이 만나 관계 맺는 일이니, 인간 존재에 대한 심오한 고찰을 요하는, 쉬울 리 없는 작업이긴 하다. 내 염장을 무수히 질러 대던 그 소녀와 소년들 역시 이런 연애질을 마냥 즐겁게 받아들이지는 못했다. 그래서 그들과 함께 연애를 고민해 보게 되었고, 그렇게 '먼저 놀아본 언니의 〈연애 인문학〉 수업'이 시작되었다.

수업을 진행하면서 이팔청춘들의 연애 현실을 찬찬히 들여다보게 되었다. 그 현장에는 연애는 넘쳐나되, 제대로 된 정보나 지식은 희박했다. 아무리 부모님 주민번호로 인증을 받아 '네이버 지식인'의 19금 콘텐츠를 섭렵한다 해도, 그 자료를 제대로 가려내고 적절히 사용할 줄 아는 균형 잡힌 시선을 키울 만한 기회는 어느 교육 과정에서도 없었으니 말이다. 다른 사람과 관계를 맺을 때 필요한 개인의 자존감, 관계 안에서 나와 상대를 객관적·사회적으로 돌아볼 기회 같은 것들이 결여된 채 양적 성장만 이룩한 이들의 연애 필드. 그 속에서 십대들이 연애를 통해 자신의 성장을 도모하기란 얼마나 힘든 일인지.

연애라는 관계 맺기 안에는 어른들이 가장 두려워하는, 아이들 사이에선 핫이슈인 '섹슈얼 릴레이션십(sexual relationship)'이 들어 있다. 그런데 학교에서 이루어지는 원론적이고, 사고 예방 차원의 겁주기식 성교육은 이미 연애질에 한창 물오른 소녀와 소년에게 힘을 쓸 수 없는 법이다. 그것을 비웃듯 소년들에겐 야동이 어둠의 경로를 통해 빠르게 소비되고, 소녀들에겐 현실성 없는 로맨틱 판타지나 팬픽 등이 난무하고 있다.

이 책은 우리의 십대 소녀소년들을 위한 연애 안내서다. 또 십대 때 좀처럼 놀아 보지 못한, 연애 경험 전무한 이십대를 위한 책이기도 하다. 연애에서 늘상 길을 잃고 있는 이들, 혹은 매번 연애를 꿈으로만 꾸는 이들에게 도움이 되길 바라며 글을 썼다.

1장에서는 여자와 남자의 차이가 무엇인지, 그렇게 다른 그들이 만나 연애를 할 때 어떤 어긋남이 있는지를 '나쁜 남자' 신드롬과 연결해 설명했다. 2장에서는 스킨십의 진도, 그 연애의 달콤 쌉싸래한 고민에 빠진 이들에게 나름의 기준을 마련할 힌트를 제시하고자 했다. 3장에서는 스킨십 실전 단계를 다루었다. 즐겁고 안전한 성을 누리기 위해 기본으로 숙지해야 할 팁들을 자세히 설명한다. 4장에서는 연애의 마무리, 이별을 다루며 다시 사랑에 대해 이야기한다. 이별을 받아들이는 방식에 따라 다음에 올 연애가 어떻게 진행될지 결정될 것이니, 사랑의 정의에 대해 다시 한번 돌아본다.

남녀가 서로 사귀어 갈 때 서로의 다름을 이해하고, 관계의 기준을 스스로 생각하며 만들어 가는 작업을 이 책과 함께 나누어 볼 수 있다면 좋겠다. 이 책에는 2010년을 살고 있는 십대들의 생생한 이야기가 담겨 있다. 설사 그 내용이 어른들의 금기를 넘나든다 해도, 그 노골적인 이야기들이 서로를 구원해 줄지도 모르니 너그럽게 봐 주시길. 그리고 내 아이만은 절대 혼전 순결을 지켜야 마땅하다고 부르짖다 뒤통수 맞을 부모들, 혹은 진보적인 방식으로 아이의 성(性)장을 지지하고 이해하고 돕고 싶은 부모들 모두 이 책을 읽어 주길 바란다.

이 책이 나오기까지 많은 분들의 도움을 받았다. 의영, 노디, 한솔, 나래, 은주, 진솔, 규호, 유현, 그리고 함께 모여 공부하고 수다 떨던 친구들. 사랑하는 조카 선우. 이 책 보고 멋진 연애를 하는 남자로 자라길 바란다. 글 쓰는 내내 날 먹이고 입히고 건사해 준 고마운 친구들. 예쁜 난나, 쿨한 사이다, 유일무이한 창학, 깜찍 단순 하얀콩 그리고 우주에서 온 영애. 핏줄을 넘어선 나의 또 다른 엄마들이자 최강 멘토들. 경옥 샘, 현샘 그리고 정민 씨, 혜쑥 언니. 마지막으로 그간 나의 등불이요, 천사 역할을 담당해 준 효진 언니와 유쾌하고 따뜻한 해나, 맛난 밥 사주시며 응원해 준 친근 인상 광렬 오라버니, 책을 예쁘게 꾸며 주신 윤현이 실장님과 이진아 작가님. 아, 그리고 그간 나와 연애해 준 그대들에게도 감사를.

2010년 11월, 윤이희나

차례

## 1장 나의 로맨스, 너의 판타지

로맨스 소녀의 이상형, 야동 소년의 이상형   12
하이틴로맨스와 야동의 법칙   21
**Zoom** 외모에 대한 소녀와 소년의 욕망   30
나쁜 남자가 더 달콤해?   34
나쁜 남자를 향한 딜레마   42
인스턴트 연애의 달인, 이지걸   50

## 2장 아슬아슬한 연애 인문학

내 욕망 바로 알기   60
진도를 나가, 말아?   64
귀찮고 짜증나는 그들의 작업 받아치기   71
**Zoom** 열네 살짜리 우리 딸이 키스를 했대요   78
스킨십은 희생과 봉사가 아니잖아   82
여자를 지켜 주려는 남자가 좋은 거야?   91
언제쯤 해도 되는 거야?   95

## 3장 ❖ 스킨십의 이론과 실천

| | |
|---|---:|
| 무엇에 쓰는 물건인고? | 108 |
| 콘돔을 둘러싼 진실 혹은 거짓 | 113 |
| 피임법 완전 정복 | 123 |
| 피임법에 대한 이해와 오해 | 141 |
| **Zoom** 인터코스에 집착하지 마! 촌스럽잖아 | 150 |
| 학교 성교육 잔혹사 | 156 |
| **Zoom** 자위＝자기 위하기 | 170 |

## 4장 ♥ 사랑과 이별에 대처하는 우리의 자세

| | |
|---|---:|
| 사랑은 운이 좋으면 얻어 걸리는 것? | 174 |
| 관계의 생명력을 원한다면 | 179 |
| 이별 대처하는 두 가지 사례 | 184 |
| 사랑과 이별 사이 | 194 |
| 이별 앞에 명심할 것 | 201 |

| 1장 |

# 나의 로맨스, 너의 판타지

# 로맨스 소녀의 이상형, 야동 소년의 이상형

내가 십대 후반과 이십대 초중반을 보내며 내린 결론은 "잘못된 교육에서 비롯한 성 감수성의 차이 때문에 남자랑 연애하는 일이 무척 고행이었다."는 것이다. 현실과 전혀 다른 야동과 포르노를 섭렵하며 스스로 또는 여럿이 함께 성에 눈뜨기 시작한 남자 아이들, 순정만화와 하이틴로맨스 소설 속에서 헤어 나오지 못한 채 현실에 없는 남성상을 만들어 가는 여자 아이들. 그 갭을 상처 없이 넘기는 쉽지 않았다. 내가 그렇게 헤매고 있을 때 주변의 어른이 솔직담백하게 남자와 여자들이 갖기 쉬운 판타지가 현실과 어떻게 다른지 알려 줬다면 얼마나 좋았을까?

"애야, 현실에선 수박 같은 가슴 달린 여자 드물고, 원빈이나 조인성 같은 남자는 개네 하나야."

"여자는 임신 공포 때문에 오르가슴을 잘 못 느낄 수도 있어. 그리고 무슨 일이 있어도 콘돔은 꼭 써!"

이런 이야기를 그 무렵에 들을 수 있었다면 내 인생이 조금은 더 행복해지지 않았을까 싶다.

서울 마포구에 자리한 대안 교육 공간 '민들레'에서 2009년과 2010년 여름방학에 연애를 주제로 한 특강 〈연애 인문학〉이 열렸다. 수업이 끝나고, 연애 중이거나 연애에 관심 있는 십대 소녀들이 뭉쳤다. 주위에선 우리가 모여 앉아 음담패설이나 야한 얘기만 늘어놓는 줄 알았겠지만 절대, 절대 그것만 한 건 아니다. 우린 다만 순수하게 '연애'에 대한 이야기를 나눴을 뿐.

"남자들은 어떤 여자를 좋아하지?"

"스킨십 진도는 어디까지 나가야 돼?"

"연애할 때 이벤트나 기념일을 챙기는 게 정말 필요해?"

"남자애들은 정말 야동을 그렇게 많이 봐?"

연애에 입문한 청춘들이 무수한 고민과 고뇌를 쏟아냈다. 결론적으로 우리에게 필요한 건 상대에 대한 기본적인 이해!

아는 만큼 보인다고 했으니 좀 더 많은 소녀와 소년들의 연애 이야기를 들어 보기로 했다. 서울의 푸릇푸릇한 소녀·소년 400여 명에게 설문을 돌렸다. 좋아하는 이상형을 물어보면서 외모, 성격, 특징 등을 세세히 알려 달라고 부탁했다. 우리의 노골적인 질문에 소년들은 이런 답변을 보내 주었다.

긴 머리에 착하고 귀엽고, 잘 웃는 성격의 사람.
대충 보면 예쁘고, 자세히 보면 귀여운 여자.
글래머러스한 몸매와 귀여운 얼굴의 여자.
뚱뚱하지 않고 귀엽지만 S라인인 여자.
키는 160~167센티미터 정도고, 귀여운데 4차원인 예쁜 여자.
예쁘고 귀엽고 청순하고 나를 이해해 주는 여자.
가슴 크고 다리 예쁘고 얼굴은 딱 보면 내 눈에 예뻐 뵈는 사람.
S라인에 활발하고 생각이 깊은 여자.
머리 올렸을 때 예쁘고, 눈은 똥그랗고 코는 오똑한 여자.
S라인에 청순가련하면서도 관능미를 보이는 여자.
자신의 의견을 분명히 밝히고 책임감이 강한 애.
가슴 크고 몸매 좋은 여자.

여자와 남자, 소녀와 소년 그리고 나와 너. 서로 다르다는 것쯤은 물론 알고 있다. 그래서 소녀들에게도 똑같이 물었다.

순수하고 나만 바라봐 주고 다른 여자한테는 무뚝뚝하고, 속이 깊고 지적이고 개념이 잘 박인 남자.
키는 175센티미터 이상이어야 하고, 목소리가 좋고 눈웃음이 있고 배려심 깊고 눈치 빠르고, 부르면 바로 올 수 있는 남자.

몸매는 엄청 뚱뚱하지도 엄청 마르지도 않아야 하며, 내가 안기면 포근한 사람.
B형이고 연락 잘 되고, 노래 잘 부르고 은근 슬쩍 잘 챙겨 주는 남자. 지하철에서 문에 기대고 있을 때 "너 그러다 넘어진다."면서 안으로 끌어 주는 남자.
외모랑 다르게 로맨티스트이며, 잔 근육이 있는 남자.
키는 나보다 10센티미터는 커야 하고, 유머러스하며 나의 고민을 상담해 줄 수 있는 사람.
마음이 잘 맞고 아무런 말 없이 있어도 전혀 불편하지 않으며, 수트가 잘 어울리는 사람.
눈빛이 매력적이고 털털한 나를 리드해 줄 수 있는 적극적인 남자.
시크하나 웃음은 부드러운 사람, 남들한텐 무뚝뚝해도 나한테만 상냥한 남자.
전화나 문자를 자주 하고 애교 있으며, 밀고 당기기를 잘하는 사람.

인간이란 동물이 아무리 발정기가 퇴화된 생명체라 해도, 2차 성징이 나타나는 즈음엔 성적으로 매우 민감하게 마련이다. 그 민감해진 재능을 가지고 한창 내가 어떤 상대에게 끌리는지를 각성, 발달시킬 테고. 아니나 다를까, 페로몬(동물이 이성을 꾀거나 위험을 알리려고 할 때 분비하는 물질) 폴폴 풍기는 소녀와 소년의 이상형 속에는

머리 길이에서 가슴 크기, 심지어 혈액형까지 총동원된 취향이 엿보였다.

공통적으로 소녀, 소년 모두 키와 생김새, 스타일 등에 민감한 반응을 보였다. 또 외모 말고도 착하다, 순수하다, 개념 있다 등등 성격이나 무형의 가치도 이상형의 조건으로 꼽았다.

이와 같은 공통점도 있었지만, 두 집단을 명확하게 구분하는 차이 하나가 엿보였다. 그 차이가 뭐냐? 소녀와 소년, 여자와 남자라는 생물체의 연애 심리가 미묘하게 다르다는 것을 엿보게 하는 지점! 여자들에게는 있지만 남자들에게는 잘 없는 이것! 만일 그대에게 이를 발견해 내는 예리함이 있다면, 연애를 할 때 차이에서 비롯하는 풍파들을 좀 덜 겪을 수 있을 것이다.

그러니까 그게 뭐냐고? 남자들의 이상형과 여자들의 이상형을 다시 잘 살펴보자. 남자들의 이상형이 주로 "어떻게 생긴, 어떤 성격의 사람이었으면 좋겠다."에 초점이 맞추어져 있다면, 여자들의 이상형에는 외모와 성격뿐 아니라 "나에게 이렇게 대해 주는 사람이면 좋겠다."는 구체적인 그림이 보태져 있다. "대충 보면 예쁘고 자세히 보면 귀여운 S라인의 착한 여자"라는 소박한(?) 조건을 바라는 소년들에 비해, 소녀들의 이상형에는 요구 조건 하나가 더 있는 것이다. 이는 소녀들이 키, 생김새, 스타일, 성격 같은 것들도 중요하게 여기지만, 상대와 맺게 될 관계의 형태(낭만적 관계 형성의 유무) 역시 중요한 기준으로 삼는다는 뜻이다. 여자들의 이상형을 다시 보자.

"나만 바라봐 주고, 전화나 문자를 자주 하며, 부르면 바로 오고, 마음이 잘 맞고 아무런 말 없이 있어도 전혀 불편하지 않으며, 남들한텐 무뚝뚝해도 나한테만 상냥하고, 나를 리드해 줄 수 있고, 안기면 포근한 사람."

즉, 소녀들의 이상형에는 나와 어떤 관계를 맺을지에 대한 기대가 담겨 있다. 그것도 꽤 낭만적이라 할 만한 설정으로. 여기에서 소녀들이 소년들보다 관계 중심적으로 연애를 바라본다는 것을 알 수 있다. 남자들은 이상형을 이야기할 때 "무뚝뚝하지만 내게만 상냥한 여자"라든가 "전화나 문자를 자주 하고 부르면 바로 올 수 있는 여자"라고 답하지 않는다. 관계를 중심으로 이상형을 사고하는 경향, 즉 낭만적 사랑에 대한 로망은 소년들에게서 찾기 어려운 부분이다. 소녀들에게는 당연하고 매끄럽게 발현되는 것인데 말이다.

이것은 소년들이 야동을 몰래 공유하는 것과, 소녀들이 하이틴 로맨스와 팬픽에 열광하는 지점의 차이와도 흡사하다. 그게 뭐냐고? 전자는 관계가 생략된 미디어이고, 후자는 관계가 핵심인 미디어다. 바로 그만큼의 간극이 소녀, 소년들의 차이를 짐작하게 해주는 단서다.

자, 그럼 이제 심화 탐구로 들어간다. 관계를 어렵게 만드는 장애물들을 파악해 좀 더 슬기로운 연애를 꿈꾸어 보는 거다. "우리는 그들과 함께 살 수도 없지만, 그들 없이도 살 수 없다."라는 아리스토파네스의 말을 기억하며!

# 하이틴로맨스와
# 야동의 법칙

관계 중심적으로 사고해 버릇하는 여자와, 그러지 않는 남자. 각각 로맨스와 판타지로 똘똘 뭉친 두 성 사이에는 참을 수 없는 관계의 어려움이 버티고 있다. 분명 나와 같은 생명체인 것 같긴 한데, 시간이 지날수록 그 사실이 의심스러워지는 건 왜일까? 처음엔 서로 달라서 좋아 보였다면, 이제는 그 차이 때문에 관계 맺기가 어렵기만 하다. 대체 누구냐, 넌?

 사랑하면 알게 된다는 말이 있지만, 사랑을 하려면 우선 나와 다른 생명체에 대한 탐구가 절실히 필요하다. 완벽한 이상형을 만났다고 해도 그에 대해 잘 알 수 없다면 사랑을 계속 지켜 낼 수는 없는 노릇이니까. 자, 그럼 이제 우리에게 필요한 것은 자신이 발 딛고 있는 세계를 벗어나는 타임워프! 시간을 달리는 소녀, 소년이 되어 연애에 어려움을 가져오는 나와 다른 '그들'이 속해 있는 집단의 특성을 찾아보는 거다.

    그것은 다시 말해 '그들'이 곧잘 빠지는 함정이기도 하다. 서로의 차이가 어떻게 집단의 특수한 성향으로 자리했는지를 파악하는 건 '그들'의 숨겨진 모습을 볼 수 있는 좋은 기회다. 그것은 때로 연예인의 데뷔 전 사진만큼이나 충격적일 수도 있다. 그럼에도 불구하고 이해할 수 없는 차이가 있다면, 그것은 집단의 차이에서 오는 게 아니라 개개인의 고유한 차이라는 걸 명심하며, 자, 출발이다!

## 하이틴로맨스의 정석

소녀들의 특성을 알고 싶다면 그녀들이 즐겨 보는 것을 파헤쳐 보면 된다. 즉, 하이틴로맨스와 순정만화에서 소녀들의 특성을 엿볼 수 있다. 하이틴로맨스와 순정만화는 다음과 같은 네 가지 정석을 따르고 있다.

    첫째, 여주인공은 모두 평범한 소녀다.

    평범한 여고생이 초절정 인기 미소년과 이루어지는 것. 이것이 하이틴로맨스와 순정만화의 공식이다. 화려한 이력을 가진 아름다운 남자 주인공에 비해 여자 주인공이 너무 평범하지 않냐고?

맞다. 동감한다. 하지만 어쩔 수 없는 거다. 그래야 순정만화를 보는 다수의 소녀들이 수월하게 감정이입을 할 수 있다. 이는 하이틴 로맨스계의 대표 고전〈캔디〉시절에도 있던 전통이다.

여자 주인공은 키가 크든 작든, 얼굴이 웃기든 못생겼든 상관이 없다. 돈이 없든 많든 그것도 중요하지 않다. 단, 누구나 반할 정도의 초절정 꽃미녀만 아니면 된다. 왜냐고? 남자 주인공은 소녀의 외모가 아니라 착하디 착한 마음, 소녀만의 개성 있는 매력을 감지해 운명적 사랑을 느껴야 하기 때문이다. 초절정 꽃미녀이기 때문에 좋아하는 건 절대 비(非)낭만적인 일이다.

둘째, 남자 주인공의 자격은 매우 까다롭다.

반면에 남자 주인공은 외모부터 꼭 남다르다. 〈트와일라잇〉의 에드워드처럼 반듯한 콧날과 날카로운 턱선, 야들야들한 피부는 기본이다. 180센티미터쯤 되는 큰 키에 평균보다 5센티미터는 더 긴 팔다리를 갖추어서 대충 찍어도 모델 화보라고 착각하게 만드는 재주 정도는 있어야 한다. 곱상한 외모를 지녔다 해도 행동거지마저 늘 곱상해서는 안 된다. 온갖 운동을 잘해야 함은 물론이고, 거친 싸움에서도 맞는 역할은 사양이다. 〈늑대의 유혹〉에서 강동원이 선보인 벽 찍고 날아차기나, 에드워드가 나무 사이를 잽싸게 이동하는 기술들을 보라.

또 가슴 아픈 가족사나, 채식 중인 뱀파이어처럼 말 못 할 신분의 비밀 하나씩은 숨기고 있는 게 필요하다. 이 비밀을 여주인공에게만 알리는 건 특별한 관계가 시작됐다는 증표이기도 하니까. 남

자 주인공들은 대체로 부유하다. 고딩일지라도 오토바이나 때에 따라 고급 승용차도 몰 수 있어야 하는 게 남주인공의 자격이다. 왜냐고? 그래야 폼이 나니까.

그리고 "네 숨소리 자체가 내겐 선물이야.", "헤어지는 거나 죽는 거나 마찬가지잖아.", "너는 내가 살아 있는 유일한 이유야." 같은 손발 오그라드는 대사를 아무렇지 않게 칠 수 있어야 한다.

셋째, 모든 길은 로마로 통하고, 모든 사랑은 평범한 여주인공으로 통한다.

현실에서라면 공주병 걸린 소녀에게 "네가 캔디냐? 다들 너만 좋아하게!"라는 질타가 곧바로 날아들 테지만, 하이틴로맨스에서는 그게 통하지 않는다. 남자 주인공은 말할 것도 없고, 비중 좀 있

는 남자 등장인물들은 죄다 평범한 여주인공을 좋아하니까. 모든 길이 로마로 통하듯 모든 사랑은 평범한 여주인공으로 통하는 거다. 비록 조연에 그치는 남자들일지라도 결코 다른 여자를 선택하거나 여주인공을 먼저 떠나서는 안 된다. 이들이 자리를 비켜 줄 때는 여주인공과 남주인공이 사랑의 결실을 맺을 때뿐이다. 이것 역시 〈캔디〉 시절부터 내려오는 전통이다.

넷째, 사랑은 이루어진다.

잘생기고 멋지고 돈 많은 남주인공은 많은 여자들의 워너비인데, 이 워너비가 죽어도 좋을 만큼 순정을 바쳐 사랑하는 건 '평범한 여고생'이다. 무조건적인 사랑을 해야 한다. 어떤 유혹이 있더라도 여주인공을 떠나지 않으며, 잠깐 여주인공을 떠나 있는 것도 결국엔 여주인공을 위험으로부터 지켜 내기 위해서다. 곧 적절한 때에 남주인공은 다시 돌아온다.

매우 비현실적인 일들이 여기저기에서 벌어지더라도 '사랑'이라는 이름이 붙어 버리면 모든 게 결국은 해결된다. 주변의 격렬한 반대나 죽음의 위협? 훗, 그런 것들도 사랑의 이름으로 다 극복 가능하다. 사랑 앞에서 불가능한 것은 없다. 원래 진정한 사랑은 꼭 이루어지게끔 되어 있는 거라니까!

## 야동의 관전 포인트

한편, 소년들의 주류 문화는 로맨스가 각광받는 소녀들의 세계와는 엄연히 다르다. 소년들의 세계에서는 낭만적인 사랑의 유무 따위가 화제의 중심에 서기 어렵다. 대신에 "연애한 여자는 100명쯤 되고, 잔 사람은 두 자릿수다!" 같은 측정의 과시가 보편적으로 각광받는다. 예쁜 여자(미모)를 몇 명이나 사귀었고, 어느 정도 수위의 스킨십(진도)을, 얼마나 많은 여자(숫자)와 경험했는지 정도가 중심에 놓이는 화제란 말씀! 그렇게 소년들의 연애 상대들은 미모, 진도, 숫자라는 그들 보편의 수치로 드러난다. 그 수치들이 소년의 소유물인 셈이다.

소년 개개인이 그 방식을 선호하든 혐오하든 간에 이러한 기조는 깊이 뿌리내려 있다. 그래서 소년들 사이에서는 관계를 수치로 측정하는 것이 크게 비난받을 일이 아니다. 오히려 타의 모범적 인물로 추앙받기까지 한다. 관계 맺기의 서사나 맥락이 이들의 문화에서는 덜 중요하다.

소년들 속에 널리 퍼진 음지의 성교육, 즉 야동만 해도 그렇다. 야동은 다양한 계층의 여성을 성적으로 소유한다. 그것도 매우 왕성히! 야동의 관전 포인트는 배우가 얼마나 예쁜지, 가슴이 얼마나 커다란지, 동양물인지 서양물인지다. 또 야동의 주인공이 OL(Office Lady)인지, 교생 선생님인지, 교복 입은 여고생인지, 메이드복을 입은 소녀인지 따위가 중요하다. 마음을 전하는 법, 관계를 푸는 법 같은 건 야동에선 쏙 빠진다. 왜냐, 절대 중요한 게 아니니까. 야동에서 중요하게 여기는 건 얼마나 다양한 체위로 성관계를 맺는가 하는 결과 중심의 진행이니까. 성관계 전후로 어떤 서사들이 잠복해 있든 간에 그런 건 중요하지 않은 거다.

연애 경험을 수치로 환산하는 것처럼, 소년들은 야동을 보며 관계를 소유의 문제로 생각하는 습관을 들인다. 그에 따라 소년들은 관계를 철저하게 소유 양식으로 바라보게 된다. 이런 사고와 언어적 관습에 우리의 소년들이 노출되고, 훈련된다는 건 참 애석한 일이다. 스스로 비판적 사고를 하며 날을 세우지 않는다면 소년들은 그냥 묻어서 그 세계에 적응하는 거다.

또 하나, 소년들이 쉽게 빠지는 함정이 있다. 상대를 너무 크고 대단하게 여기는 것이다. 전지현이나 김태희는 화장실도 안 간다더라, 여자들은 방귀를 참는 능력이 있다더라 등등 어긋난 오해가 널리 퍼져 있다.

> Zoom
>
> 외모에 대한 소녀와 소년의 욕망

**소녀의 화장**

내게 쌩얼로 나가라는 말은 아빠에게 러닝셔츠 차림으로 회사에 가라는 말과 다를 바 없다. 나만 그런 게 아니다. 학교에서도 절반 이상은 비비크림을 바르고 온다. 비비와 파우더는 기본, 아이라이너와 마스카라도 적지 않다.

  티슈 들고 검사하러 다니는 담임들이 좀 성가시긴 하지만 화장을 해 본 사람은 안다. 조금 더 예뻐진 모습에 확 살아나는 자존감을. 나는 왜 이렇게 생겼냐고, 엄마에게 리콜해 달라고 항의해 봤자 돌아오는 건 한 바가지의 잔소리뿐. 그래서 홀로 외롭게 똥줄 타게 노력한다. 가격 대비 품질 좋은 비비크림, 아이라이너, 파우더, 컨실러와 함께.

  아무리 루키즘(lookism, 외모지상주의) 사회가 문제다 뭐다 하지만, 인류 역사에서 외모지상주의가 없었던 적이 있기나 했는지 모르겠다. 신라 화랑들을 뽑을 때도 '외모 준수'가 포함되었다던걸. 학교도 마찬가지다. 내가 아는 언니는 수능 본 뒤에 학교에서 메이크업 수업을 받던데, 그거 2~3년 좀 먼저 해 주면 어때서 그러는지. 알다시피 국민 여동생 김연아나 원더걸스 소희나 다 십대에 뜨지 않았나. 이 가운데 쌩얼인 사람 있나.

근데 나 역시 화장하는 게 마냥 좋지만은 않다. 자기 전에 지워야지, 피부 상하지 않게 조심해야지, 신경 쓸 게 한두 가지가 아니다. 그런데도 어쨌거나 쌩얼로 다니는 건 너무 창피하다. 그래서 나에겐 상반된 두 가지 로망이 생겼다. 쌩얼에 머리 안 감고 동네 헬스장 가기, 물광 화장법으로 예쁘게 꾸미고 헬스장 가기. 종종 쌩얼로 거리를 활보하는 애들을 보면 부럽기도 하고, 촌스럽다고 느끼기도 한다. 그래서 나의 화장은 나를 꾸미는 것인 동시에 창피하지 않게 만들어 주는 것이다.

**소년의 피어싱**

꼰대들이 줄곧 나의 피어싱과 은빛 감도는 노란 머리칼을 두고 "그게 뭐냐!"고 주절댈 적에도 나는 그들의 몰개성을 비웃고, 나의 자아심취, 자학적 고행을 지켰다. 나에게 꼰대의 세상은 "패션은 자기표현이야."라는 당위 명제와 "남자 새끼가……."라는 말이

혼재된 아이러니다. 이런 답답함을 친구들과 수다로 푸는데, 한 여자 친구가 질문을 던졌다.

"왜 선생들이나 엄마들은 짧은 치마를 못 입게 하는 걸까?"
"자기가 못 입으니까."
"하하하!"

꼰대들은 옷차림이 단정함과 멀어질수록 사회에서 바라는 상에서 멀어진다고 생각한다. 옷차림과 머리 모양을 똑같이 만들고, 똑같이 말 잘 듣게 만드는 것이 그들의 존재 목적인가. 그래서 "왜?"라는 질문을 없애 버리는 일이?

자신을 캐릭터화하는 데도 풍부한 감수성과 고민이 필요하다. 보이는 나를 본질의 나와 가깝게 그려 내려고 노력해야 하니까. 그 도구인 피어싱과 목걸이는 나를 드러내 준다. 누군가 내게 왜 그런 입술 피어싱을 했냐고 물으면, 넝쿨에 감겨 있는 것 같은 지금의 나에 대해 들려주고 싶다. 또 왜 그런 검은 목걸이를 하고 있는지 물어 온다면, 관계에서 자유롭지 못하고 끌려다니는 내 성향을 말해 줄 수도 있겠다. 모든 사람들이 말과 글로만 자기 이야기를 하는 건 아니다.

누구나 옷을 고르고 머리 스타일을 정할 때 무의식적으로 "나는 누구인가?"라는 질문을 자신에게 던진다고 생각한다. 그 감수성을 이해하기가 귀찮고, 방법도 모르겠고, 소통 비용을 흔쾌히 감수하거나 즐기지 못한다고 해서 이런 질문을 하지 않는다고 생각지는 말기를. 내 부모의 부모에게 훈련받은 '단정함'이란 취향 말고도 또 다른 것이 있다는 것을 자연스럽게 알아주면 좋겠다. 그래서 되레 묻고 싶다.

"당신의 취향을 좀 더 다변화시킬 순 없는가?"

# 나쁜 남자가 더 달콤해?

무수한 로맨스 문학을 통해 우리가 알 수 있는 건(다시 한번 확인하는 건) 낭만적 사랑에 대한 소녀들의 갈망이다. 그 갈망은 무엇을 품고 있을까? 이상형을 그릴 때에도 낭만적 관계 형성을 중요시하는 그녀들을 보라. 그 속엔 정서적인 교감이나 소통을 향한 욕구가 있다. 사랑의 상대는 결핍을 채워 불완전한 개인을 비로소 완성해 주는 존재다. 그런데 참 묘하게도 그녀들의 이상형에는 착하고 친절한 남자 말고 까칠하고 무뚝뚝한 남자, 내면의 상처를 지닌 남자들이 등장한다. 일명 '나쁜 남자'라 불리는 남자들!

까칠한 성격, 상처가 있는 성장 과정 따위는 누가 봐도 '좋은' 게 아니라 '나쁜' 거다. 좋은 것을 좋아하지 않고 나쁜 것을 좋아하는 이 심리는 도대체 어떻게 해석해야 하는 걸까? 역사에 길이 남을 만한 '나쁜 남자'들을 통해 나쁜 남자의 특징, 그들에게 매혹당한 여자들의 이야기를 살펴보자. 그러면 그녀들(그리고 어쩌면 우리) 속에 어떤 욕망들이 숨겨 있는지를 이해할 수 있을 것이다.

## 좋은 남자, 나쁜 남자, 더 나쁜 남자

### 좋은 남자, 카사노바

십대 소녀에서 70대 할머니까지, 나이와 신분을 초월해 사랑하는 게 특기. 법학 박사부터 모험가, 바이올리니스트, 외교관, 스파이, 연금술사 등 여남은 개의 직업을 가졌던 다재다능한 바람둥이이자 아웃사이더. 하지만 알고 보면 나쁜 남자라기보다는 좋은 남자 쪽에 가까웠다. 입이 무거웠으며, 신사로서의 매너도 매우 뛰어났다. 여자들에게 평판이 좋기로 유명했는데, 헤어진 과거의 연인들이 자기 주변의 여자를 소개해 줄 정도였다고 한다.

무엇보다 주목할 만한 점은 100명이 넘는 여자와 사귀었으나 모두 피임에 성공했다는 것! 레몬을 반으로 잘라 즙을 짜낸 뒤 자궁경부의 덮개로 썼는데, 이는 더치 페서리(dutch pessary, 고무로 만든 반구형의 피임 기구)의 원조가 되었다. 또 콘돔을 적극 사용했으며, 피임에 대한 책임을 함께 나눈 남자로 기록되었다. 훗날 자신의 연애담을 세세히 담은 열두 권짜리 회상록을 집필했다.

### 나쁜 남자, 사르트르

20세기의 행동하는 지성이자, 노벨문학상 수상을 거절할 정도로 줏대 있게 살았던 남자. 어릴 때부터 천재병에 걸렸던 천재. 158센티미터의 작은 키에 얼굴도 볼품없었으나 캠퍼스에선 초절정 인기남으로 군림했다. 1929년에 캠퍼스에서 만난 시몬 드 보부아르에게 계약 결혼을 제의, 환상의 동료이자 커플로 서로를 구속하지 않고 상대에게 자유를 부여했다.

 허나 계약 결혼 이후 보부아르 주변의 여자들을 골라 사귀는 수법을 애용하며 그녀를 괴롭혔다. 보부아르의 제자나 그들의 동생들을 유혹하기 일쑤. 보부아르가 열입곱 살 연하남과 사랑에 빠지면 사르트르는 그의 여동생을 꼬이는 식이다. 하지만 자기 연인들을 위해서라면 희곡도 부지런히 써 주었으며, 자기 때문에 이혼한 연인을 경제적으로 돌보고 아이의 양육도 도왔다.

### 더 나쁜 남자, 피카소

진정한 옴므파탈(homme fatal, 치명적 매력을 지닌 남자). 원하는 건 뭐든 손에 넣는다. 자신이 버리기 전에 먼저 떠나는 여자에겐 집착을 보이며, 떠나면 꼭 복수한다. 친한 친구의 부인과 잠자리를 즐기고도 그건 단지 그녀에 대한 '우정 표시'라고 얘기할 정도로 뻔뻔하다.

피카소와 결혼을 하려는 어린 올가에게 피카소의 엄마가 이런 말을 했다.

"네가 지금 어떤 놈이랑 결혼을 하려는 건지 아냐? 내가 네 친구라면 무슨 수를 써서라도 말렸을 거다."

어떤 여자도 자기 아들과는 행복해질 수 없을 거라고 호언장담을 했던 것. 하지만 피카소가 죽고 나자 두 명의 여자가 피카소 없는 생을 비관하며 자살했을 만큼 그는 여자들의 사랑을 듬뿍 받았다. 예일대학의 미술사 교수는 천재화가 피카소의 어려운 작품 세계를 가장 빠르게 이해하는 길은 그의 연인들을 따라가 보는 것이라고 권했다.

## 나쁜 남자의 여자들

### 나쁜 남자 조련사, 보부아르
1929년 사르트르와 계약 결혼을 한 뒤로 그가 죽기까지 51년 동안 '세기의 연인'으로 불리며 사르트르와 함께했다. 나쁜 남자를 다룰 줄 알았던 매우 지적이고 현명한 여자로, 서로를 구속하지 않고 자유로운 관계를 맺었다. 그러나 사르트르의 연애 행각에 지쳐 우울증 약을 복용하기도 했으며, 총을 들고 다니며 죽이겠다고 위협하는 사르트르의 연인에게 시달리기도 했다.

### 사르트르가 청혼했던 유부녀, 돌로레스 바네티
보부아르로 하여금 우울증 약을 먹게 만든 장본인. 사르트르에게 보부아르 이후 최고의 연인이라는 칭송을 받으며 5년간 연인으로 지냈다. 그러나 사르트르와의 관계가 시들해지자 총을 들고 프랑스로 날아 와 사르트르의 가슴에 겨누었다. 하지만 결국에는 미국의 남편에게 복귀했다.

### 연인에서 양녀로, 아를레트 엘카임
열일곱 살 때 쉰이 넘은 사르트르에게 철학 논문에 관해 묻는 편지를 보냈다. 처음엔 연인처럼 지냈으나 시간이 흐르자 사르트르가

선을 긋는다. 훗날 사르트르의 양녀로 입적되었으며, 사르트르의 막대한 저작권을 상속받았다.

### 피카소를 뻥 차 버린 유일한 여자, 프랑수아 질로
법학을 전공한 패기 있는 미술학도였던 질로가 예순두 살의 피카소를 처음 만난 건 스물두 살 때였다. 피카소와 같이 살며 아이 둘을 낳은 뒤로도 피카소가 자유분방한 연애질을 그치지 않자 지쳐갔고 깊게 상처받았다. 그런데 피카소는 정작 질로가 떠나려고 하자 온갖 회유와 협박을 했으며, 자살 소동마저 벌였다. 현재 그녀는 세계적인 화가이자 베스트셀러 작가로 왕성히 활동 중이고, 뉴욕과 파리를 오가며 살고 있다.

### 천재 화가의 첫사랑, 페르낭드 올리비에
예쁜 여자만 보면 맥을 못 추는 피카소가 늘 그랬듯 한눈에 반한 모델. 극도로 가난했던 무명 화가 시절의 피카소를 거두어 먹이며 뒷바라지했다. 어두운 그림만 그리던 피카소를 밝고 화려한 작업 세계로 인도한 여자. 훗날 피카소와 동거했던 9년 동안의 이야기를 집필했고, 피카소는 이 원고가 출간되는 것을 막기 위해 고군분투했다. 그 때문에 그녀가 쓴 몇몇 저작들은 피카소 사후에나 출간될 수 있었다.

### 집착의 여신, 올가 코클로바

피카소의 첫 부인으로 러시아 귀족 출신의 우아한 발레리나였다. 올가는 피카소를 프랑스 상류 사회로 인도했으며, 피카소는 점점 유명해져 그의 그림은 부르는 게 값이 되었다. 반면 올가는 점점 더 외로워졌다. 피카소의 마음은 올가를 떠난 지 오래, 그럴수록 올가는 더욱 무서운 집착의 화신으로 변했다. 가여운 그녀는 피카소의 거짓말과 속임수를 견디며 결혼 생활을 유지해 나갔고, 17년이 지나서야 이혼했다.

# 나쁜 남자를 향한 딜레마

나쁜 남자가 옴므파탈인지, 아니면 사악한 미숙아인지는 정확하게 판단하기 어렵다. 다만 요사이 드라마나 영화에 등장하는 나쁜 남자 캐릭터가 달달하기만 했던 백마 탄 왕자의 21세기형 까칠 업그레이드 버전인 것은 맞다. 그들은 준수한 외모의 까칠한 능력자(스펙을 골고루 갖추고 있거나, 스펙 따윈 필요 없을 정도의 준수한 외모로 이미 능력자로 인정!)로 등장해 여러 여자들의 마음을 뒤흔든다. 그러나 알고 보면 마음 깊은 곳에 치유받지 못한 상처가 있어서, 겉으로는 까칠하게 굴지만 진정 사랑하는 사람에게는 한없이 순수한 순정을 바친다. 이게 현실과 다른 점일 수는 있다 해도, 어쨌든 그렇다.

요즘 현실에서도 나쁜 남자라 불리는 남자치고 키 작고 못생긴 사람 못 봤다. 참 준수하다. 잘생겼는데 나쁘면 진정 '나쁜 남자'이고, 못생겼는데 나쁘면 그냥 '못생긴 남자'인 거다.

그러고 보면 나쁜 남자라는 기호에는 여자들의 욕망이 촉촉하게 녹아 있다. 과연 여자들은 나쁜 남자에게 무엇을 원하는 것일까? 자기 욕망을 인식하는 것과, 그 욕망이 무엇을 가리키는지 살피는 일은 인생에서 매우 중요하다. 특히나 습관적으로 나쁜 남자에게 빠져 허우적대고 있다면 더더욱!

## 나쁜 남자를 탐하는 심리

### 유일무이한 여신이 되고 싶다

구원자 증후군(helper syndrome) 또는 평강공주 신드롬이라고 부른다. 나쁜 남자가 지닌 상처와 결핍들에 강하게 끌린다. 동정과

연민이 충만하여 자신의 사랑으로 나쁜 남자를 치유하고 변화시키고 싶어한다. 이때 자신은 다른 여자들과 다르고, 나쁜 남자를 구원할 수 있는 건 자신뿐이라고 믿는다. 바보 온달을 멋진 장수로 탈바꿈시킨 평강공주 마마가 되고 싶은 거지.

누군가의 여신으로 군림하고픈 욕망의 발현! 차갑고 까칠한 냉미남의 유일무이한 여신이란 자리는 매우 매력적이다. 사나운 동물을 길들였을 때 느끼는 쾌감이나 정복욕과도 비슷하다. 모성애를 기반으로 작동하기도 하지만, 타인을 자신의 의지대로 변화시키려는 지배욕과 자신의 능력을 입증하려는 욕망도 함께한다. 하지만 변화에는 타인의 의지보다 본인의 의지가 앞서야 한다. 도전 정신이 충만할수록, 타인에 대한 정복욕과 지배욕이 깊이 숨어 있을수록 모성애나 휴머니즘이라는 가면을 단단하게 쓴다.

### 낮은 자존감, 완전해지려는 욕망

미국의 희극인 마르크스(《자본론》을 쓴 칼 마르크스가 아니다)가 이런 농담을 했다.

"나와 같은 사람을 클럽의 회원으로 받아들여 줄 곳엔 절대 가입할 생각이 없소."

연애에서도 이런 성향을 보이는 사람들이 있다. 먼저 흑심을 품었다가도 정작 상대가 호응을 해 오면 바로 싫증을 낸다. 어떤 상대를 만나든 이런 패턴이 계속 반복된다. 이들의 문제는 아무리 호감을 품었던 멋진 남자라도 정작 그가 자신을 좋아하게 되면 하찮게 보인다는 데 있다. 자신을 거들떠보지 않는 남자는 잘나고 멋져 보이지만, 잘나고 멋진 남자라도 자신 같은 여자를 좋아하면 한심해진다. 이들이 앓고 있는 치명적인 병은 '자존감 낮음병'이다.

이들에게는 연애의 목적이 사랑을 주고받는 것이 아니라, 사랑받고 싶다는 소망을 유지하는 것이다. 자신보다 나은 완벽한 대상을 만나 완전해지려는 욕망! 이것이 나쁜 남자를 열망하는 이유다. 자신을 부당하고 하찮게 대해 주는 사람일수록 잘나고 멋져 보이기 때문에 나쁜 남자만큼 적합한 인물도 없다.

하지만 사실 나쁜 남자들은 이런 욕망을 채워 주기는커녕 스스로를 더 부족한 사람으로 느끼게 만든다. 그래서 둘 사이 문제가

생기면 여자는 자기 잘못에 대해서만 고민하게 된다. 죽어도 나쁜 남자가 문제의 핵심이라고는 깨닫기 어렵다는 거지. 또 자존감이 낮으니 문제 상황을 객관화해 보기 어렵다. 이 병의 핵심은 스스로 사랑받아 마땅한 사람이라는 사실을 받아들일 수 없을수록 나쁜 남자가 더 달콤해진다는 거다.

### 아프니까 사랑이겠지요

순정과 로맨스를 완성하는 또 다른 이념은, 진정한 사랑은 곧 고통과 아픔과 슬픔이라는 생각이다. 사랑을 고통과 결부해, 고통이 클수록 사랑도 크다고 믿어 의심치 않는다.

> 마지막이겠죠 나의 심장까지 파고든 사람
> 그댈 향해 가는 길 험난할 걸 알기에 외면하려고 몸부림쳤지만
> 아파야 사랑인 거죠 아프니까 사랑인 거겠죠
> 매일 눈물에 휩싸여도 가슴 부르터 갈라져도 난 이 사랑 놓지 못해요
> 세상이 그댈 허락한 대신 나의 모든 걸 빼앗아 가도
> 그대 하나면 그대 하나면 돼요

민경훈이 부른 〈아프니까 사랑이죠〉의 가사다. 시련과 아픔을 극복한 사랑을 지나 이제는 아예 "아파야 사랑"이라고 대놓고 애

기한다.

　사랑의 크기가 아픔과 고통의 크기에 비례한다고 여기는 것은 〈인어공주〉나 〈로미오와 줄리엣〉에도 나오지 않나. 그러니까 이건 고통을 당하면서 쾌감을 느끼는 마조히스트여서 그런 게 아니다. 단지 진정한 사랑에는 희생과 고통, 역경과 슬픔의 요소가 당연하다고 믿어 버려서 그런 거다. 그렇게 믿는 순간부터 사랑의 희생자 역할은 오히려 매혹적이고 달콤해져 버린다. 순정물이 파생한 강력 이념 중 하나이기도 하다. 제멋대로이고 내 맘 같지 않은 상대를 사랑한 탓에 자기 파괴적인 비극을 연출한다 할지라도 감미롭기는 매한가지다. 그러니 나쁜 남자의 짝꿍, 착한 여자 노릇을 연기할 수밖에.

## 헌신보다 질투

나쁜 남자를 이상형으로 여기며 동경하는 것도, 나쁜 남자를 형편없는 연애 상대로 여기며 싫어하는 것도 모두 개개인의 자유다. 똥인지 된장인지를 구별하려면 가끔은 찍어 먹어 봐야 알 수 있는 때도 있으니까 말린다고 될 것도 아니다.

나쁜 남자라는 말이 욕보다는 칭찬에 가깝게 들리는 이 시대에, 분명 나쁠지라도 그만큼 매력 충만한 남자와 연애할 수 있는 건 행운일 것이다. 주변의 일부는 나쁜 남자의 까칠한 품성을 나무랄지도 모르겠지만, 그건 잠재적으로 모든 여자에게 까칠하고 나에게만 다정한 남자가 될 자질일 수도 있는 것이고. 친절 매너나 다정다감함이 인간의 미덕으로 꼽히는 이 시대에 까칠하고 제멋대로인 나쁜 남자로 살아가는 특별한 남자들. 그 사연을 이해할 역량이 된다면, 그의 삶을 사랑해 줄 수만 있다면 나쁜 남자를 길들여 함께 사랑하며 잘 살아갈 수도 있겠다. 그러니 능력 있는 여자들이여, 야망을 품자!

단, 그대 곁을 빙빙 맴돌며 손에 잡힐 듯 잡히지 않는 나쁜 남자 때문에 혼자만 애간장 끓이는 중이라면 이 점 하나만 당부한다. 그들을 변화시키고 붙잡아 둘 방법이 지고지순한 사랑의 순정과 헌신이라고는 좀 생각하지 마라! 지고지순한 순정? 헌신? 쳇, 그러면 그럴수록 나쁜 남자는 스스로 거대한 권력을 쥐고 있다고 생각할 뿐이고, 그렇게 굴겠지. 그렇게 해서 변할 거였으면 예전에 이미 다른 여자의 남자가 됐다. 나쁜 남자라는 이름은 그를 거쳐 간, 정확히 당신과 동일 취향인 여자들이 인증한 이름임을 잊지 말길.

그럼 어떻게 하냐고? 인정하긴 싫지만, 누군가를 변화시키는 데 헌신보다 질투가 훨씬 효력을 발휘하는 경우는 아마 나쁜 남자가 최강일 듯싶다. 절실히 나쁜 남자 곁에 있고 싶다면 헌신보다는 차라리 질투의 힘을 이용하라. 유치찬란하게 질투나 하게 만들며 나쁜 남자를 자극해야 하다니. 서글픈 노릇이지만 사실이다.

양다리는 우습고 서너다리쯤은 거뜬히 걸치던 피카소는 오랫동안 거들떠보지도 않던 질로가 자신을 떠난다고 하자 갑자기 집착하기 시작했다. 사르트르 역시 보부아르가 다른 남자와 열렬히 연애를 하자 그렇게 좋아라 하며 청혼까지 했던 연인 돌로레스를 끊고 돌아와 버렸으니까.

명심하라! 매력 만점의 나쁜 남자를 만나 사랑할 야망을 품겠다면 그 과정의 험난함을 받아들여야 한다는 것을. 당신만 특별하다고 생각하지 말라. 심신이 약하거나 연애의 감정 피로도에 약한 여자들은 나쁜 남자를 만나면 '앗! 나쁜 남자다.'라고 마음속으로 외친 후 45미터 밖으로 도망가라. 만약 작전이 실패해 나쁜 남자에게 콩깍지라도 씌는 날엔, 지쟈스! 대책 없다.

# 인스턴트 연애의 달인, 이지걸

연애에서 나쁜 남자는 나쁘다는 게 프라이드다. 그렇다면, 여자는? 나쁜 남자의 반대에 나쁜 여자도 있지 않을까? 물론 있다. 그러나 여자들이 나쁜 남자에 열광하는 것과 달리 남자들은 나쁜 여자에 열광하지 않는다. 왜? 남자들은 마음 말고 얼굴이 예쁘거나 몸매가 좋을 때도 착한 여자라고 하니까.

아마도 나쁜 남자의 반대편에는 '착한 여자'가 있는 듯싶다. 얼굴이나 몸매가 착해 남자에게 한없이 나쁘게 굴 수 있는 여자 말고, 나쁜 남자 마음대로 쉽게 움직여 주는 착한 여자. 이들을 우리는 '이지걸'이라고 부른다. 참 쉽죠잉~ 그런 쉬운 여자? 외로워서 쉽게 쉽게 남자에게 마음을 내주는 여자? 과연 이지걸의 정체는 무엇일까?

## 이지걸을 위한 변명

"안녕하세요. 전 보람이고요, 열일곱 살이에요. 이 강좌에 온 이유는……."

5초쯤 침묵이 흘렀다. 그러고 나서 나온 소개말.

"제가 좀 쉬워요. 이제 나쁜 여자가 되고 싶어요!"

〈연애 인문학〉 강좌에 온 한 소녀가 첫 수업에서 이렇게 자기소개를 했다. 자기가 연애를 할 때 쉬운 상대, 소위 이지걸(easy girl)이라는 말이었다. 스스로 쉽다고 말하는 이 소녀의 말에 나도 모르게 "으하하!" 웃음이 터졌지만, 편한 마음으로 앉아 있을 순 없었다. 자신을 "쉬워요."라고 소개하는 말에 이어 "나쁜 여자가 되고 싶"다는 바람을 보였기 때문이다. 나쁜 여자가 되고 싶다는 바람은 더 이상 쉬운 여자를 긍정하지 않는다는 뜻일 테고.

사실, 어렵고 경계하게 되는 사람에 비해, 다가서기 쉽다는 것은 긍정의 특성임에는 틀림없다. 누구나 자신에게 까다롭게 구는 사람보다 쉽게 경계를 허물어 주는 사람이 편하고 고마운 법이니까. 그렇지만 연애 상대로 쉽다는 말에는 그 사람이 지닌 경박함을 놀리고 조소하는 의미가 담겨 있다. 좋아한다고 고백할 때, 사귀는 사이에서 스킨십을 시도할 때, 이러한 '쉬움'은 그 특유의 수용적 힘을 발휘해 관계를 빠르게 진전시킨다. 그러나 다른 한편 그 '쉬움'의 특성 때문에 빠르게 진전된 관계는 그만큼 일찍 끝나 버리기도 한다.

자신을 쉽다고 소개한 보람이 역시 평균 연애 기간이 딱 한 달이라고 한다. 연애 횟수를 꼽아 보면 또래 친구 누구에게도 지지 않을 자신이 있지만, 그 기간이 하나같이 다 짧아서, 이젠 정말 300일 넘게 연애를 해 보는 게 연애 목표가 되어 버렸다고.

사실 연애라는 것이 문화 체험 하듯 이놈 저놈 살피듯 사귀는 것은 아니지 않은가. 짧은 연애가 반복되면 반복될수록 관계의 부질없음을 절감할 뿐이다. 피상적 인간관계가 습관이 되면 더욱 외롭고 쓸쓸해질 뿐이니까. 또 쉬움만 가지고는 쫀득쫀득하고 밀도 있는 관계, 삶의 굵직굵직한 굴곡이 만들어지기 어렵다. 쉬운 게 나쁘다는 게 아니라, 그것만 가지고 관계를 맺어서는 결국 힘이 없단 얘기지.

더 이상 쉬운 여자가 아닌 나쁜 여자가 되겠다는 보람이의 이야기는 곧 상처받지 않겠다, 이제는 상처를 받기보다 차라리 주는 사람이 되고 싶다는 의지다. "쉬워요."라는 표현 안에 숨어 있는 사연들은 결코 쉬운 과정들이 아니었던 것 같다. "제가 좀 쉬워요."라는 말에서 자기보다 상대에 맞추려 애쓰는 모습이 겹쳐진다. 연애의 시작 단계부터 상대가 일방적으로 요구하더라도 쉽게 거절하거나 화내지 못했겠지.

경험컨대 좋든 싫든 상대에 맞춰 주는 일은 결코 쉬운 일이 아니다. 거기엔 서로 잘 지내고 싶은 마음, 인정받고 싶은 욕구, 더 나아가서는 내 말이 상대에게 힘이 있기를 바라는 마음이 진하게 녹아 있다. 하지만 애처롭게도 상대의 부탁을 잘 들어주면 잘 지낼 수 있을 거라는 판단은 착오다. 나에게 친절한 사람은 착한 사람, 불친절한 사람은 나쁜 사람이라는 단순한 이분법적 사고는 미숙한 유아기에나 통하는 기준이다. 그래서 타인을 만나 이해하고 사랑하는 데에는 세상과 자신을 아는 공부가 절실히 필요하다. 이지걸과 이지보이는 물론이고, 그 이지함을 조소하는 그대들 역시.

평소 '쉬움'에 야유를 보냈을지라도, 혹은 "제가 좀 쉬워요. 나쁜 여자가 되고 싶어요!"라는 말이 불편하더라도 그 말이 담고 있는 삶의 이력을 존중해 볼 일이다. 낙인과 결과에만 주목해 버릇하면 그 과정과 맥락을 살필 수 없게 되지 않던가.

아무것도 모르는 자는 아무것도 사랑하지 못한다.
아무 일도 할 수 없는 자는 아무것도 이해하지 못한다.
아무것도 이해하지 못하는 자는 무가치하다.
그러나 이해하는 자는 또한 사랑하고 주목하고 파악한다. (……)
한 사물에 대한 고유한 지식이 많으면 많을수록
사랑은 더욱더 위대하다. (……)

모든 열매가 딸기와 동시에 익는다고 상상하는 자는
포도에 대해 아무것도 모른다.

중세의 의학자이자 연금술사였던 파라켈수스의 시다. "모든 열매가 딸기와 동시에 익는다고 상상하는 자는 포도에 대해 아무것도 알지 못한다."는 시구의 의미를 가만히 떠올려 보자. 혹시 딸기를 좋아하는 당신의 기준으로 포도에 대해 섣불리 판단하지는 않는가?

## 이지녈에게 필요한 사랑의 기술

쉽다는 꼬리표를 떼어 버리고, 앞으로는 다른 방식으로 연애를 잘하자면 어떤 사랑의 기술이 필요할까?

전화는 절대 먼저 하지 않기, 문자는 세 번에 한 번 꼴로만 답하기, 무심한 척 굴다 은근 슬쩍 스킨십하기. 이런 기술을 익히면 연애를 잘하게 되나? 절대 아니다. 그렇게 믿으면 오산이다. 얄팍한 기술은 얄팍한 관계에서나 통하는 법. 설령 요런 잔기술이 통했다 해도 그것만으론 깊고 풍요로운 마음을 한껏 나눌 수 있는 알콩달콩 연애가 될 수 없다.

생각을 잘 해 보자. 문제의 핵심에 있는 게 누구인지. 우리가 친구를 사귀거나 연애를 할 때, 그들과 직접 관계를 맺는 주체는 '나'다. 당연한 말이지만, 연애는 누가 대신 해 줄 수 있는 게 아니다. 모든 관계는 내 선택에서 비롯되고, 관계는 곧 그 행위들의 집합이다. 그러니 관계의 방정식을 만드는 '나'에 대해 모르면 연애의 문제들을 풀 수가 없다. 그래서 더 이상 쉬운 여자 또는 쉬운 남자가 되고 싶지 않다면 '나'에 대한 통찰이 있어야 한다. 연애할 때 상대에게 어떻게 대해야 하나 고민하는 건 그 다음 진도란 말씀. 내가 나 자신과 어떤 관계를 맺는지부터 되물어 볼 일이다.

"나는 스스로를 어떤 사람이라고 생각하나?"

"나는 나를 배려받고, 사랑받고, 이해받고, 존중받아 마땅한 사람이라고 여기고 있나?"

"나는 나 자신을 충분히 존중하고 있는가?"

"나는 자기표현이 충분한가?"

내가 나를 어떻게 생각하고 평가하는지는 상대와의 관계에 밀접한 영향을 미친다. 스스로 존중받아 마땅하다 여긴다면 주변 사람들 역시 나를 그렇게 여길 것이다. 그러니 나에 대한 통찰에서 시작해 이리저리 휘둘리지 않을 수 있는 자기 기준을 만들어 보자. 그것이 연애 문제에서 가장 우선시해야 할 해결의 실마리다. 그러고 나서 연애라는 관계를 통해 그 안에서 나 자신의 욕구와도 다시 관계를 맺자. 나를 좀 더 이해하고 존중하는 쪽으로.

연애의 기술이 별거겠나. 나에 대해 통찰을 하고, 상대를 이해하고, 세상에 대한 상식을 가지고 서로에 대한 사랑의 의지로 관계를 어떻게 잘 풀 것인지를 사유하는 거지.

연애 관계의 진짜 실력은 밀고 당기기의 잔기술을 많이 외운다고 생기는 게 아니다. 진지하게 나의 진심을 털어놓고, 상대의 마음을 받아들여 주는 무수한 조율을 거치는 가운데 생긴다. 조율을 잘하려면 나와 상대, 그리고 각자가 속한 세상을 이해하기 위한 공부가 필요하다. 사랑의 열정이 앎에 대한 의지로 뻗어 갈 때 나의 지식과 지혜는 사랑의 기술로 승화될 터이니.

인스턴트 연애의 달인, 이지걸

| 2장 |

# 아슬아슬한 연애인문학

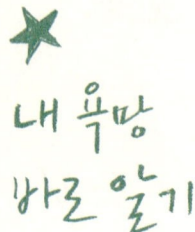
내 욕망
바로 알기

2장에서는 기다리고 기다렸던 '성' 이야기를 본격적으로 해 볼 테다. 내 이야기를 듣기에 앞서 여러분 각자의 이야기를 먼저 들려주기 바란다. 마인드맵을 만들어 보는 거다.

먼저 옆의 빈 공간에 '성(sex, sexuality)' 하면 떠오르는 단어를 적어 보자. 적어도 10개 이상을 적어 보자. 그 이상이라면 더 좋다. 시간을 들여서 고민한 뒤에 성에 대한 생각, 느낌, 감정 등을 있는 대로 적어 보자.

다 작성했다면, 이제 두 번째 작업. 이번엔 '연애' 하면 떠오르는 단어를 적어 보자. 여기에서도 10개 이상의 단어를 적어 보자. 단어가 아니라 문장을 만들어 봐도 좋겠다. '연애' 하면 떠오르는 것들을 마음껏 적어 보는 것이 관건이다.

모두 완성했다면, 두 가지 마인드맵을 찬찬히 살펴보자.

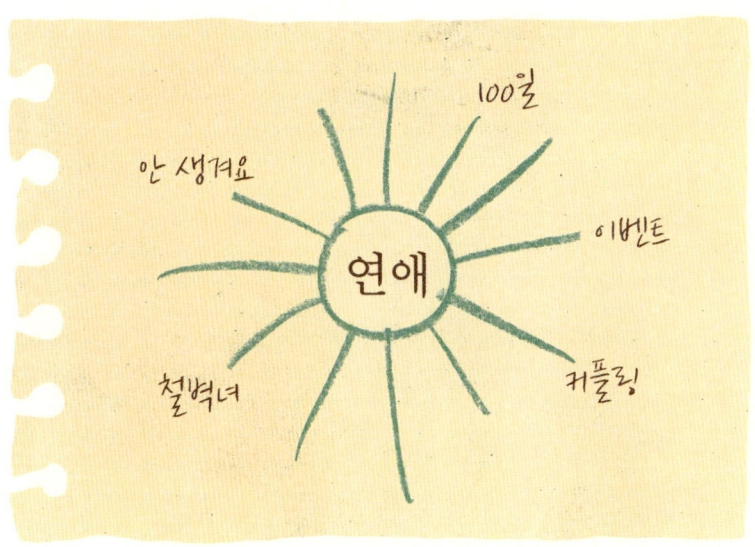

먼저 성 마인드맵을 보며 긍정과 부정의 언어를 분리해 보자. 자기가 적은 것 중에 긍정의 언어가 많은가, 부정의 언어가 많은 가? 여기에는 평소 무의식중 성을 어떤 이미지로 받아들였는지가 많이 숨어 있을 것이다. 자신이 느끼는 성이 대체로 밝고 긍정적인 것들이라면 분명 마인드맵에서도 그 모습을 찾아볼 수 있을 것이다. 설사 마인드맵이 부정의 언어로 가득하다 해도 너무 염려하지는 말자. 한창 시니컬한 시기를 겪는 중일 수도 있으니까.

'연애'를 두고는 어떤 단어나 문장을 적었는가? 긍정의 언어들인가, 아니면 두려움 섞인 부정의 언어들인가? 연애의 마인드맵에 적힌 언어들이 발랄하고 재기 넘치는 표정인지, 아니면 칙칙하고 두려운 얼굴인지를 살펴보자. 또 연애의 형식을 가리키는 언어들인가, 행위를 통해 얻을 수 있는 마음 같은 본질적인 것을 다룬 언어들인가?

두 개의 마인드맵을 비교해 볼 수도 있다. 성과 연애 가운데 어느 쪽에 더 기대감이 충만한가? 어느 쪽에 더 긍정 혹은 부정의 언어가 많은가?

연애는 섹슈얼리티의 문제와 결코 떨어질 수 없다. 부푼 마음으로 연애를 꿈꾸면서도, 한편으로 스킨십에 대해서는 결벽증에 가까운 생각을 가지고 있다면 이는 이중적 태도로 바람직하지 않다. 스킨십은 싫은데 억지로 해야 하는 것도 아니고, 좋은데 별 이유

없이 참아야 하는 것도 아니다.

　여유가 된다면 죽이 잘 맞는 친구와 함께 마인드맵을 그려 보고 놀이하듯 성과 연애에 대한 서로의 구체적인 생각, 느낌, 감정 등을 이야기해 봐도 좋겠다.

- **섹스(sex)** : '성교하다'라는 뜻의 동사이기도 하고, 생물학적인 성별을 나타내는 명사이기도 하다. 여권을 보면 '성별' 옆에 괄호 치고 'sex'라고 표기되어 있다. 그때 섹스는 성교라는 뜻이 아니다. 성별이다.
- **젠더(gender)** : 사회적인 여성 또는 남성, 혹은 여성성과 남성성을 가리킨다.
- **섹슈얼리티(sexuality)** : 섹스와 젠더를 모두 포함하는 개념으로, 성적인 실천과 성적 활동을 포괄한다.

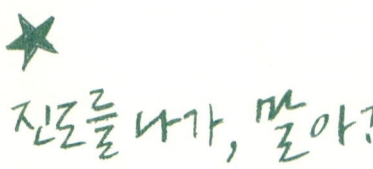
# 진도를 나가, 말아?

몇 해 전 방영했던 드라마 〈궁〉에 이런 장면이 나온다.

채경: 비좁은 침대에 커다란 남자애가 누워 있고, 난 그애의 등짝을 보고 있는 이 상황이 싫은 게 아니라 오히려…… 아, 내가 이렇게 밝히는 애였다니. 이러다 나도 모르게 덮쳐 버리는 거 아니야?
히숭: 그러니까 이번 기회에 아예 확 덮쳐 버리시오.
순영: 그렇소. 어차피 일찍 한 결혼이 아니오?
강현: 야, 이것들이! 그게 학생 신분으로 할 소리냐?
순영: 왜 이러시오? 여자 나이 18세면 부모 동의 없이도 결혼할 수 있는 세상이오. 이 아인 엄연한 유부녀요.
히숭: 그렇소. 두 사람은 부부요. 부부 사이에서는 스킨십이 중요하다 했소.

채경 : 스킨십은 무슨…… 창피해. 그만들 좀 해.

강현 : 그러게 말야. 어떻게 여자가 먼저 남잘 덮치냐? 변태나 저질이면 몰라도. 그치, 신채경?

채경 : 그, 그렇지…… 변태…… 저질…….

여고생 채경은 신과 정략결혼을 한 사이. 신의 등짝을 호시탐탐 노리는 중이다. 결국 설거지하는 신의 등짝을 급습해 탐(?)하고 마는데, 그 장면을 보고 있던 우리는(십대 소녀들과 이십대의 나) 손발이 오그라드는 부러움에 탄성을 지르고 말았다. 건장한 남학생의 등짝을 취하고 싶어하는 여고생 채경처럼 소녀들에게도 수많은 소망들이 있으리.

"난 포옹이 좋아. 내가 먼저 안는 것도, 상대가 먼저 안아 주는 것도."

"난 저런 등짝보다는 남친 눈! 남친 이름을 내가 부르고 그 눈을 보면…… 으악!"

"난 손잡고 걷고 싶당~"

파릇파릇 감정을 싹틔우며 막 연애를 시작한 소녀들에게 스킨십은 뜨거운 감자다. 〈연애 인문학〉 시간에 아이들에게 물었다.

"다음 주제가 '스킨십, 내 욕망 바로 알기'야. 그 주제와 관련해서 얘기해 보고 싶거나 궁금한 거 없어?"

아이들이 입을 모아 소리친다.

"진도! 진도! 진도 나가는 거요!"

스킨십, 그러니까 애들 표현대로 '진도 나가기'를 둘러싸고 다들 할 말이 참 많다. 연애 당사자는 물론이고, 친구와 가족들 모두 각자 처한 입장은 다르지만 관심이 폭발하는 영역이다.

자, 우선 연애 당사자인 그녀들의 이야기를 들어 보자.

부드러운 그애의 손길은 마냥 좋기만 하다. 다정하게 마주잡는 손, 따뜻한 포옹은 내 인생을 충만하게 만들어 준다. 하지만 좀 더 '진도를 나간' 스킨십을 눈치 없이 해 버리거나 하자고 졸라대면 나는 그만 '당황+혼돈+아노미' 상태가 되고 만다. 어리니까 안 되는 걸까? 엄마가 하지 말라고 했으니까? 또 이상하게 죄책감이 들기도 한다. 연애를 시작할 때만 해도 그애의 멋진 모습, 그윽한 눈빛, 따뜻한 손길에 황홀해져선 집에서도 떠올리며 혼자 마음껏 즐겼는데……. 막연한 두려움도 있지만 첫 키스에 대한 두근거림은 두려움을 물리치고도 남는다. 그러나 정말 어렵다. 스킨십을 언제, 어떻게, 어디까지 해도 되는 건지? 스킨십 진도에 대해서는 학교에서도 학원에서도 배운 적이 없으니…….

그럼, 부모는 어떨까?

열여섯 살 딸아이가 한창 연애질에 빠져 있다. 가족들과 함께 있을 때도 주야장천 핸드폰만 손에 쥐고 그놈의 문자질이다. 주말이면 아침 댓바람부터 나가 저녁 늦게야 들어온다. 연애하는 애 얼굴은 밝은 웃음으로 화창이지만, 애가 조금이라도 늦게 오는 날이면 내 심사는 편치가 않다.

가끔 남자친구를 집에 데려와 놀다 가는데, 그럴 땐 방문을 꼭 닫고 있다. 문 열고 있으라는 말을 할까 하다가도 쪼잔한 부모로 보일까 봐 전전긍긍, 딸의 방문 앞을 계속 서성인다. 조심스레 물어볼까도 싶다. 혹시 손 잡는 거 말고 뽀뽀도 해 봤니? 아니면 혹시……. 아, 더 이상은 생각하기도 싫다.

연애를 하는 아이들이건 지켜보는 부모건 모두 '진도의 함정'에 빠져 있다. 연애 당사자는 진도 조절 때문에 혼란스럽고, 부모는 부모대로 애가 상처받을까 봐 걱정이다. 영화 〈아메리칸 파이〉에 등장하는 아빠는 아들에게 가서 슬쩍 콘돔을 쥐여 주는 나름 귀여운 해결책을 보여 주었다. 그러나 과연 그것만으로 우리 진도의 고민이 해결되나? 아아, 이 달콤 쌉싸래한 고민을 어떻게 해야 하는 걸까?

## 욕망하라, 주장하라!

진도의 함정에 빠지지 않고, 거침없는 연애를 하기 위한 팁 하나. 그건 먼저 달콤 쌉싸래한 '진도의 고민'이라는 이름을 '내가 실현하고픈 소망들'로 바꾸어 보는 거다. 아무래도 걱정거리인 고민보다 이루고 싶은 소망을 꿈꾸는 게 더 희망찰 테니까. 건장한 신의 등짝을 욕망하고 취하는 여고생 채경을 떠올리며 우리도 소망을 점검해 보자.

그 다음엔 '내가 실현하고픈 소망들 — 스킨십'이 이루어지는 데 필요한 조건을 고민할 차례다. 먼저 '내 욕망 바로 알기 프로젝트'를 진행해 보는 거다. 자기가 원하는 스킨십에 대해 진지하고 치밀하게 고민해 보자. 스킨십의 상대, 장소, 시기, 나누는 대화, 주변 분위기 등등을 그려 보는 것도 좋다. 그런 고민을 할 때는 자신의 행위나 몸을 향해 무한한 긍정을 보내야 한다. 자신의 소망이 확인되었다면, 그 다음은 소망을 실현할 때 행위의 기준을 잡아 줄 자기만의 잣대를 만드는 거다.

스킨십을 할 때 그 속에서 길을 잃지 않으려면 다음 세 가지 질문을 명심하자. 먼저 "주체적이었는가?"와 "만족스러웠는가?"이다. 몸과 마음이 움직일 때 주체성의 능력은 매우 중요하다. 이 능력은 스킨십을 선택할 수도, 거절할 수도 있는 막강한 힘이다. 스스로 선택함으로써 존재감을 맘껏 느껴 보자. 본디 스킨십은 주체적이어도 만족스럽지 못할 수 있고, 만족스러워도 주체적이지 못할 수 있다. 그렇기 때문에 이 두 요소들의 조화가 중요하다.

세 번째 질문은 "타인에 대한 이해와 동의가 전제되었는가?"이다. 이는 앞에서 던진 두 질문의 중심이 되어야 하는 기준이다. 아무리 연인 관계라도 상대의 동의를 얻지 않고 스킨십을 한다면 서로에게 상처를 만들 뿐이다. 자신의 욕망에 잣대가 조화롭게 작용했다면 만족스런 스킨십을 형성하기가 더욱 수월해진다.

사실 같은 스킨십을 두고도 소녀와 소년의 반응은 다르다. 일반적으로 강도 높은 스킨십을 한 뒤에 소년들은 어른이 되는 관문을 통과했다고 여기는 분위기인 반면, 소녀들은 긴장, 불안, 죄책감을 느끼는 경향이 더 많다. 하지만 소녀들이 꼭 그럴 필요가 있나? 자신의 몸을 긍정하고 자신이 원하는 방식의 스킨십을 주장해 보자. 그러다 보면 낮던 자존감도 긍정적으로 변화할 수 있다. 스킨십을 할 때 자기주장을 분명하게 하고 그 주장이 관계에서 수용되다 보면 낮은 자존감이 긍정적으로 변화하는 데 도움이 된다. 스스로 주도함으로써 느끼는 희열과 만족감은 소녀를 춤추게 한다. 그래서 소녀들에게 이렇게 말하고 싶다.

"소녀들이여, 욕망하라! 그리고 자신을 주장하라!"

한편, 스킨십을 '진도'라는 개념으로 접근하는 것에 대해 생각해 볼 필요가 있다. 말 그대로 진도에 연연한다면, 스킨십을 제대로 맛보긴 어렵다. 손을 잡고 있으면서도 마음은 입술에 가 있을 것이고, 정작 키스를 하면서는 또 다른 데 정신이 팔려 키스의 기쁨을 맛보기 어려울 것이다. 그땐 마음이 가슴에 가 있을 테니까.

진도 따위는 잊어라. 그래야 지금 이 순간의 스킨십을 제대로 누릴 수 있다. 채경이 진도에 연연했다면 신의 등짝에서 그렇게 충만한 기쁨을 맛보진 못했으리라. 학교에서 교과서 진도 빼기에 길들여진 습관을 연애에까지 적용하지 말기를, 그리고 지금 이 순간을 즐기기를. 그대의 연애 상대에게도 부디 숙지시키길 바란다.

# 귀찮고 짜증나는 그들의 작업 받아치기

"진짜로 좋아하게 된 사이지만 스킨십이 싫을 땐 어떻게 해야 하지?"

한 살 연상의 남자와 '플라토닉 러브'를 추구하며 3개월째 연애를 하고 있는 열일곱 의진이가 이런 질문을 던졌다. 이제는 슬슬 몸과 마음이 '함께하는' 연애에 진입 중이라는 설명에 진지하게 듣고 있던 여자 친구들은 잠시 고민에 빠진 듯하다가 이내 눈을 반짝이며 앞 다투어 질문을 퍼부었다.

"넌 스킨십이 정말 싫어?"

"잘 모르겠어. 생각했던 거랑은 좀 다른 거 같아."

"남자친구는 어때?"

"보통은 조심스럽게 행동하긴 하는데, 가끔 너무 일방적으로 몰아붙여."

"그럼 좋을 때도 있어?"

"내가 하고 싶을 때 하게 되는 경우, 그땐 좀 좋은 것도 같고. 근데 서로 스텝이 잘 안 맞는달까?"

"남자친구랑 스킨십에 대해 깊이 있게 이야기한 적은 있어?"

"한 번. 서로 부끄러워서 제대로 못 했어."

함께 걸을 때 발걸음 속도 맞춰야 하는 것에도 스트레스를 받는 예민한 자기한테 스킨십은 너무 어려운 문제라며, 의진이는 이 문제가 계속 고민이라고 했다. 소녀들의 질문이 잠잠해졌을 무렵 어디선가 한 소녀의 푸념 섞인 원망이 흘러나왔다.

"역시 그런 건 남자가 로맨틱하게 잘 리드해 주면 좋을 텐데……. 그렇지 않아?"

곧이어 한 소녀가 맞받아쳤다.

"야야, 남자들이 뭘 알겠니? 야동이나 봤지."

"푸하하하하하!"

영화나 드라마를 보다 보면 남자 주인공이 여자 주인공에게 기습 키스를 하는 장면이 종종 나온다. 서로 오해가 생겨 다투던 와중에라도 강렬한 키스 한 방이면 분위기는 급반전되고, 그 사이에 위기는 눈 녹듯 해소되어 다른 국면을 맞는다. 또 드라마 〈아이리스〉에서 이병헌이 보여 준 사탕키스는 얼마나 로맨틱했던가. 밸런타인데이 사탕을 기대했다가 실망하는 연인에게 키스로 건네준 사탕 한 알. 크아~ 그 어떤 사탕보다도 달지 않았을까 싶다.

드라마나 영화에서 키스를 주도하는 이들은 어쩜 그다지도 근사하고 로맨틱하며, 심지어 섹시하시기까지 할까. 현실도 그와 같다면 얼마나 좋을까 싶지만 에휴…… 영화는 영화고, 현실은 현실이다. 이 세상엔 로맨틱한 키스도 있지만, 싫다고 분명히 말했음에도 끈질기게 졸라대는 귀찮고 짜증나는 스킨십도 존재하는 법. 계속 거절하는 것도 왠지 야박해 보여 고민하고, 상대가 이끄는 대로 끌려 다니다 짜증이 폭발하기 일쑤다. 이런 식으로 주체적이지 않은 스킨십을 나누다 보면 둘 사이의 근본을 흔드는 의구심마저 새록새록 솟아난다.

"쟨 내가 좋은 거야, 아니면 내 몸만 탐하는 거야?"

그래서 준비했다. 귀찮고 짜증나는 그들의 작업 받아치기! 둘 사이를 끝장내지 않고, 그 상황만을 모면할 수 있는 연애의 특급 비법. 은근한 압박에 계속 스트레스만 받지 말고 연습해 두었다가 써먹어 보자. 연습할 때는 특히 단호하고 엄격한 목소리와 눈빛이 요구된다. 재치 있는 답변을 스스로 작성해 봐도 좋을 것이다. 상대에 비해 자기 말발이 좀 달린다 싶다면 모범 답변을 외워 두었다가 적재적소에 이용하자. 미리미리 익혀 응용해 보는 걸 추천한다.

## 작업 받아치기 연습

〈연애 인문학〉 수업에서 소녀들과 함께 롤플레이를 하며 큰소리로 받아치기 연습을 했다. 또, 자기만의 받아치기 내용을 만들어 보았다.(또하나의문화에서 펴낸 〈소녀 멘토링 가이드〉를 참고했다.) 대부분 진지하고도 날카로운 받아치기를 만들어 선보였다. 순식간에 대화의 주도권을 뒤집어 버리는 대사들이었다. 꽤 재기 넘치는 내용들도 있었다.

작업남 : 그러지 말고 술 좀 마셔 봐. 그러면 기분이 좋아질 거야.
받아치기녀 : 네가 감히 내 주량을 이길 수나 있냐? 그때 다시 얘기해 보자.

작업남 : 만약 임신되면 우리 결혼하자.
받아치기녀 : 그래 콜! 결혼 준비 하고 기다릴게. 부모님 먼저 뵈러 가야겠다.

이건 아무래도 되레 겁을 주는 역습공법 같다. 레벨 자체가 달라 내공 깊은 고수만이 쓸 수 있는 받아치기다. 초짜들은 함부로 구사했다가는 낭패를 볼 수 있으니 많은 연습을 한 후 실전에 임해

야 한다. 이렇게 롤플레이를 통해 배우고 익혀 둔 것은 일방적인 강의나 책으로 학습한 것보다 실전에서 훨씬 쓸모 있다. 연애의 다양한 난관에 슬기롭게 대처하는 방법을 스스로 터득해 보자.

혹여 무한한 상상력으로 장난 같은 롤플레이 대사가 만들어지더라도 그 과정 자체를 즐기자. 실제 상황에서는 받아치기의 정석으로 응대하면 되니까. 연습을 하면서 받아치기 언어의 주인이 되고, 또 다른 언어를 만들어 보는 것이다.

덧붙이자면, 소녀든 소년이든 부담스런 성적 요구에 직면했을 때는 "잠깐, 나 화장실 좀 다녀올게."(미루기), "정말 보고 싶은 영화가 개봉한 거 있지. 영화관 가자."(대안 제시) 같은 대응을 구사해도 좋겠다. 일명 대안 제시와 미루기 전략. 그 상황을 지연시키는 것만으로도 긴장 상태가 누그러지는 경우가 많다. 참, 대안으로 제시하는 공간이 비디오방이면 곤란하다는 것도 기억하자.

평소에 받아치기를 연습해 두면 그날이 닥쳤을 때 당황하지 않고 침착하게 대처할 수 있다. 나라면 뭐라고 대꾸할지 생각해서 연습해 보자.

작업남 : 저번에 키스하기로 약속했잖아.
받아치기녀 : _____

작업남 : 널 사랑해서 이러는 거야.

받아치기녀 : ⋯⋯⋯⋯⋯⋯⋯⋯⋯⋯⋯⋯⋯⋯⋯⋯⋯⋯⋯⋯⋯⋯⋯⋯⋯⋯

작업남 : 임신 안 되게 조심할게. 오빠 믿지?

받아치기녀 : ⋯⋯⋯⋯⋯⋯⋯⋯⋯⋯⋯⋯⋯⋯⋯⋯⋯⋯⋯⋯⋯⋯⋯⋯⋯⋯

작업남 : 솔직히 너도 하고 싶어하잖아.

받아치기녀 : ⋯⋯⋯⋯⋯⋯⋯⋯⋯⋯⋯⋯⋯⋯⋯⋯⋯⋯⋯⋯⋯⋯⋯⋯⋯⋯

> **Zoom**
>
> 열네 살짜리 우리 딸이 키스를 했대요

**고민하는 아빠가**

안녕하세요. 열네 살 여자아이를 대안 교육 공간에 보내고 있는 아빠입니다. 어느덧 훌쩍 커 버린 딸아이를 보면 대견하고 기쁘기 그지없습니다. 제법 스스로 생각하는 폼이며, 자기만의 시간과 공간을 야무지게 챙기는 모습을 보면, 허허 이젠 다 컸구나 하는 생각이 들 정도지요.

그런데 다른 한편으론 걱정도 있습니다. 무엇보다 딸아이가 이성에 대한 관심이 부쩍 늘어나 이성 친구, 주로 자기보다 한두 살 많은 남학생과 늘 붙어다니고 싶어한다는 것이지요. 그 나이에 이성에 관심을 갖는다는 것은 아주 자연스러운 일이겠지요. 어쩌면 축하해야 할 일인지도 모르겠습니다. 그럼에도 아이가 이성에 관심을 보일 때면 불안한 것이 솔직한 심정입니다.

한번은 함께 차를 타고 가는 길이었습니다. 딸아이가 조심스럽게 말을 건네더군요.

"○○오빠하고 같이 극장에서 영화를 보는데, 오빠가 내 어깨에 손을 얹더니 자기 입술을 내 입술에 갖다 대잖아."

전 일순 당황했지요. 하지만 짐짓 대수롭지 않은 척 물었지요.

"그래서 어떻게 했어?"

"음…… 기분이 나쁘진 않았어. 그래서 천천히 키스를 했지."

"어…… 그랬어……?"

그 일에 대해 아이는 전혀 거리낌이 없었습니다. 오히려 그 말을 듣는 내가 당황하는 바람에 더 이상 대화가 이어지지는 않았습니다.

이성에 눈을 뜬다는 것은 단지 정신적인 관심뿐만 아니라, 몸의 변화에 따른 신체 접촉도 갈망한다는 것을 뜻하지 않을까 싶습니다. 저는 아이가 스스로 선택해 아름다운 성과 사랑의 에너지를 만끽하는 것을 반대할 생각은 없습니다. 아이가 어렸을 적부터, 아니 태어나기 전부터도, 내가 아이를 키운다면 성 문제에 관한 한 너그러우리라 다짐했습니다. 그런데 지금은 그것이 "아이의 성적 자기 결정권은 충분히 보장되어야 한다."는 식의 선언적 의미에 불과한 수준이었음을 절감하고 있습니다.

### 먼저 놀아본 언니가

"기분이 나쁘진 않았어. 그래서 천천히 키스했지."

이런 이야기를 듣고 나서 드는 솔직한 심정은 완전 부럽다는 것. 나쁘진 않았다는 판단, 천천히 키스했다는 전개. 히야~! 나는 열네 살 때 그런 판단력을 그 순간에 지닐 수 있었을까? 아마도 엄청 놀라거나 상처받거나 피해망상에 두려워했을 거 같다.

기억을 더듬어 보니, 내 첫 키스는 열아홉 살 때였다. 그 무렵 우리는 대부분 고3이 끝났다는 해방감에 개떼처럼 음주와 연애질에 몰두했다. 금지된 것에 대한 호기심과 억압당했던 욕망이 한순간

에 터져 나오면서 너나없이 몰입했다. 더 이른 경험은 나중에 성숙하고 여유 있게 성과 삶을 즐길 수 있는 자질을 길러 주기도 할 테니까 그리 색안경 끼고 볼 이유는 없다고 본다.

부모 입장에선 아이가 경험하는 첫 키스의 추억이 날카롭지 않기를, 성과 세상 경험이 아름답기를 바랄 게다. 그러나 성폭력, 성추행, 데이트 강간 따위의 뉴스가 차고 넘치는데 어떻게 안심하고 "네 성을 맘껏 즐겨라!"라고 할 수 있겠는가. 그렇다고 아이를 꽁꽁 묶어 놓고 감시할 수도 없는 일이니 어떻게 해야 할까?

지금 키스 경험담을 털어놓는 열네 살 딸에게 필요한 건 덤덤히 들어 주면서 도덕적인 잣대로 판단하지 않는 상대가 아닐까. 그 가벼운 고백은 일종의 검증 절차일지도 모른다. 그렇게 검증된 어른에게는 앞으로도 삶의 고비마다 조언을 구할 가능성이 더 높다. 만약 열네 살 조카가 키스 경험담을 들려준다면 난 이렇게 말할 게다.

"오호~ 진짜 좋았겠네! 야, 근데 걔 키스를 잘하긴 하디? 그리고 좋으면 네가 먼저 해도 돼. 싫거나 기분이 나쁠 땐 거부할 수도 있고. 만약에 하기 싫은데 강제로 하자거나 힘이 부친다 싶으면 전화해. 같이 응징해 줄 테니까. 난 네 편이고, 네가 선택한 것들을 존중해 주고 싶으니까."

물론 너무 가르치려 들거나 주책스럽지 않아야 할 텐데, 아빠들에겐 너무 무리한 부탁일까?

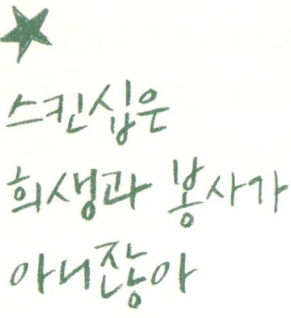

# 스킨십은
# 희생과 봉사가
# 아니잖아

### 키스가 제일 싫어 — 지은

"난 키스가 제일 싫어!"

"뭔 소리냐? 키스란 귓가에 종소리가 울리게 한다느니, 입안에서 살살 녹는 아이스크림 같다느니 하는 찬사를 받는 최고의 과대망상 유발 스킨십 중 하난데. 창창한 열일곱 처자가 왜 그런 말을 하냐?"

"뽀뽀까지는 그래도 할 만해. 근데, 키스는 트라우마가 있어."

"엥?"

"내가 열다섯 살 때 같은 학원에 다니는 오빠랑 사귀게 됐거든. 그러던 어느 날 어쩌다 오빠랑 우리 동네 마트에 같이 갔네. 비상 탈출구에 둘이 앉아 있는데, 갑자기 오빠가 키스를 하재. 어떻게 해야 할지를 잘 모르겠더라고. 거절하면 오빠가 상처받을까 봐 아무 말 못하고 가만히 서 있는데, 이 망할 놈의 오빠가 나한테 침을 막 묻히는 거야. 더럽게! 충격이었어. 그때 깨달았지. '아, 키스라는 게 입 주변에 침을 막 묻히는 거구나……'"

### 싫다 좋다 말하니까 훨 좋아 — 우주

"2년 전 내가 열네 살 때 처음으로 남친이 생겼는데, 나보다 나이가 두 살 많았어. 그런데 이 오빠가 자기가 하고 싶을 때만 스킨십을 하는 거야. 내가 원할 땐 못 하고, 원치 않아도 스킨십을 하고. 그때는 당연히 그래야 하는 줄 알았거든. 좀 휘둘린 거지."

"그때 스킨십은 어떤 느낌이었어?"

"좋아하는 사람이니까 좋기도 했고, 아닐 때도 이해해 줄 만은 했어. 가끔 쫌 싫을 때도 있었고."

"지금 남친이랑은 어때?"

"진짜 좋아하는 사람하고는 스킨십이 당연한 거잖아. 근데 지금 동갑내기 남자친구는 처음에 스킨십을 엄청 부끄러워하는 거야. 내가 먼저 길을 쑥쑥 안 터 주면 아무것도 못 하는 거 있지. 첫 키스도 내가 먼저 기습적으로 했거든. 그랬더니 깜짝 놀라서는 한동안 충격받은 사람처럼 있더라. 그래서 걔가 또 놀랄까 봐 요즘은 먼저 물어봐."

"그럼 지금은 자연스럽게 해?"

"예전엔 팔짱만 껴도, 내가 느껴질 정도로 얼어붙어서는 심장이 쾅쾅쾅 뛰었거든. 근데 이젠 익숙해졌나 봐. 그리고 이제는 걔가 먼저도 잘해요! 야호!"

"야호~ 보람이 있겠군."

"그치. 우린 서로 물어보고 표현하는 편이거든. 스킨십이 싫을 땐 싫다, 좋을 땐 좋다. 실은 여기까지 오기까지 많은 우여곡절이 있었다우. 처음 사귈 때, 내가 애를 한 번 찼거든. 좋아는 했지만 확신이 없었거든. 근데 소문이 이상하게 나 버렸어. 내가 전에 사귀던 오빠를 잊으려고 걔를 이용하고 차 버렸다는 거야. 그 말에 이 친구는 상처를 받았고. 나랑 다시 사귀게 됐을 때 스킨십을 거절하더라고. 근데 그런 심정, 이해되잖아. '우린 엔조이인 건가?' 간혹 그런 생각 들 때 상대가 먼저 키스를 훅훅 해대면 받아들이기 힘들잖아."

"그치, 그건 키스가 아니라 고문이지."

"맞아, 그래서 우리는 솔직하게 좋다 싫다 말하기로 했어. 그게 훨 낫더라고"

"오, 발전했네."

"오래 사귀고, 이런저런 일을 겪다 보니까 알겠어. 키스하고, 안고, 더듬더듬하는 스킨십을 잘한다고 관계가 잘 유지되는 게 아니더라. 서로 심리적으로 기대고 의지하면서 솔직한 얘기를 해야 해. 표현을 하는 게 중요하단 걸 알겠어. 동갑이라 그런가. 내가 좀 더 편하고 솔직해지는 거 같아. 사람을 믿는 법을 배웠달까?"

## 남자도 스킨십에서 상처받는다고 — 규호

"규호, 너는 그동안 사람들 사귀면서 스킨십이 문제되거나 어려웠던 적은 없어?"

"응, 별로 없는 거 같아."

"이십 년 인생에 정말 한 번도 스킨십 앞에서 고민하거나 괴로워해 본 적이 없다고?"

"불안감을 느낀 적이 있긴 하지. 근데 내가 스킨십을 딱히 서두르거나 재촉하는 편이 아니거든. 그리고 나에게는 상대로부터 스킨십의 욕망을 끄집어내는 묘한 뭔가가 있나 봐. 연애할 때 스킨십 하는 거 별로 험난하지 않았어. 자연스러웠다고."

"헐~ 근데 불안감을 느꼈다는 건 뭐야? 안전하지 않은 짓을 한 거야?"

"안전의 문제는 아니고, 그냥 불안감 있잖아. 이런 거 해도 되나 하는. 어른들은 대개 스킨십을 나쁜 거라고 가르치니까. 제대로 안 알려주고, 감추기만 하고. 막상 하고 보면 그렇게 신경 쓰며 불안해할 만한 일이 아닌 경우가 대부분이던데 말이야."

"과연 네 '무수한' 연인들도 그랬을까나?"

"나보다는 약간 더 불안해하는 것 같긴 했어. 그래도 난 나처럼 자기 욕망에 충실한 건강한 여자들과 연애를 했다고! 근데 주변엔 스킨십 진도 나가면서 후회하거나 스트레스 받는 애들이 꼭 있어.

여자 애들만 그럴 것 같지? 절대 아니다. 그 경험이 어땠나에 따라 남자애들도 마찬가지로 스트레스 받고 후회한다."

"예를 들면 어떤 경험?"

"현우라고, 나랑 중학교 때부터 친구인데, 중딩 때 여친이 스킨십을 하고 싶어했대. 자긴 그럴 마음이 없었는데, 무안할까 봐 할 수 없이 첫 키스를 몇 번 미루다 결국 억지로 응해 준 거야. 뭔가 서럽고, 싫었다던데.

또 동민이라는 친구는 얼떨결에 같이 놀던 무리의 여자애랑 급하게 첫 경험을 해 버렸거든. 나중에 뭔가 그 여자애한테 이용당했단 기분이 든다며 엄청 상처받았다고. 그 일로 받은 피해의식이 장난 아니야."

"안됐다. 남자라고 스킨십이 덮어놓고 무작정 좋은 게 아닐 텐데. 근데 하나 불공평하다고 느껴지는 게 있어. 남자들은 그런 경

험을 했을 때, 좋지 않은 경험이더라도 그들 사회에서 위로를 받잖
아. '해냈다'는 은근한 격려와 인정. 근데 '해냈다'는 은근한 격려
를 이 사회가 여자들에게도 하냐? 절대 아니지. 오히려 비난거리
로 여기잖아."

## 즐겁지 않으면 오래가지 못한다

한용운 시인에겐 날카로운 첫 키스의 추억이 있었는지 몰라도, 앞
에서 본 열일곱 지은에겐 침 범벅이 된 더러운 첫 키스 추억만이
남아 있다. 그리고 여기, 우리 소년들에게도 있다. 자신을 희생해
여자친구의 욕구를 들어준 현우의 서러운 기억과, 이용당했다고
느끼는 동민이의 상처들이.

 스킨십은 상대가 원하면 내가 싫어도 희생과 봉사의 마음으로
해야 하는 걸까? 연애 중이고 사귄 지도 좀 됐으니 마땅히 해야 하
는 필수 코스처럼? 희생과 봉사의 마음으로 인류애를 스킨십에 발
휘하다 보면 아무래도 관계가 더 좋아질지도 모르니까?

 지쟈스!

 자기희생 정신으로 스킨십을 하면 그 대가로 연인을 실망시키
지 않을 수 있다. 때론 당장 떠나려는 연인도 잠깐 붙잡아 둘 수도

있고. 뽀뽀 중인데 가긴 어딜 가겠니? 하지만 인류애를 발휘, 희생과 봉사의 마음으로 스킨십에 응해 준 현우에게 남은 건 상대를 배려했다는 뿌듯함이 아니라 서러움이었다. 자기희생의 힘은 딱 거기까지다.

스킨십은 둘이 함께하는 교감이지, 어느 한쪽의 일방적인 희생이나 봉사가 되어서는 안 된다. 프랑스의 정신분석학자 라캉은 성적 욕망이 인간을 주체적으로 만든다고 했다. 욕망의 주체가 되지 못하고 동의할 수 없는 일을 자기 몸에서 벌일 때, 자기소외가 일어난다. 내 몸과 연인의 몸이 만나는 스킨십이 즐겁지 않다? 타인과의 접촉에서 내가 즐겁지 않다면, 나아가 괴롭기까지 하다면 그것은 자신을 훼손하는 일이다. 나를 훼손하면서 하는 연애에 대한 비난은 접어 두고라도, 자기가 훼손되면 자기희생의 힘 역시 점점 약해지는 법!

일방적 희생이나 자기 학대에서 쾌감을 얻는 변태가 아닌 이상 원치 않는 자기희생의 스킨십은 원망을 낳고 키우게 마련이다. 원망을 먹고 자란 관계가 오래갈 수 없고, 건강할 수도 없다는 건 명명백백한 일이 아닌가.

또 사랑의 기술인 소통 능력 지수가 그 정도밖에 안 되면 둘 사이 다른 문제들 역시 단시간 안에 종기 터지듯 터져 버릴 게 분명하다. 자신이 원하는 게 무엇인지 알지 못하고, 또 요구하지 못하면 결국 관계 안에서의 정서적 만족이나 유대는 시들해진다. 둘 사이의 고민과 문제를 조율할 수 있는 내공, 그게 스킨십에서도 필요하다.

상큼 발랄한 열여섯의 유미는 스킨십의 장점을 "둘 사이에서 마음으로 느끼는 게 더 많아지는 것"이라고 꼽았다. 그리고 규호는 자신을 아프게 하지 않고, 소중하게 대해 줄 거라는 확신이 서고 나서야 상대와의 스킨십이 자연스러워진다고 했다.

스킨십은 연인과 함께하는 창조적 소통이자 유희다. 서로에 대한 존중과 무형의 감정을 몸과 마음으로 기억하며 나누는 것이다. 그 안엔 분명 삶을 충만하게 만드는 정신적이고 육체적인 욕구들이 있다.

강렬한 에너지이며 긍정의 힘을 얻을 수 있는 스킨십. 이 좋은 걸 함께 명랑하게 영위해 가는 게 맞다. 정확하게 표현하고 죄책감 갖지 말고 희생과 봉사 차원에서 관계 맺지 말지니. 자기가 소외된 스킨십을 하다 보면 결국 관계는 힘을 잃고, 시들해진다. 스킨십에서 자기를 소외시키지 말지어라. 다시 한번 강조컨대, 스킨십은 희생과 봉사가 아니잖아? 희생과 봉사는 다른 곳에 가서 어려운 이웃을 위해 하란 말이다!

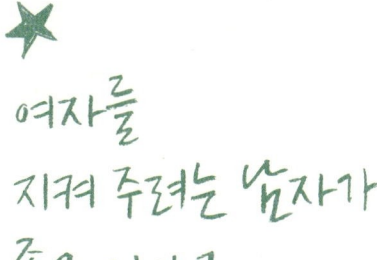

# 여자를 지켜 주려는 남자가 좋은 거야?

"내가 지. 켜. 줄. 게."

결의에 찬 미소년이 가녀린 정인에게 날리는 달콤한 고백으로 로맨틱하게 들릴 수 있는 말. 노래 가사에도 흔하게 쓰이고, 로맨스 소설에도 자주 등장하는 이 말. 소중한 무엇을 잃거나 침해당하지 않도록 보호하고 살핀다는 뜻. 그런데 이 말이 소녀들 사이에서 비난의 중심에 섰다. 아니, 덮치겠다는 것도 아니고 지켜 주겠다는 건데, 뭐가 문제냐고 물을 수도 있겠다. 하지만 지킴을 받는 당사자 입장에선 꼭 그런 것만은 아닌가 보다.

"여자를 지켜 주려는 남자가 좋은 거야?"

한창 스킨십으로 고뇌하던 우리의 의진이. 그녀가 던진 질문의 배경에는 80만 회원을 자랑하는 인터넷 카페의 솔직 성 고민방에 올라온 사연이 있었다.

스물두 살의 언니가 남자친구랑 100일 기념으로 단둘이 여행을 갔단다. 거기서 남자친구가 밀월여행 때면 등장하는 "오빠 믿지?"의 테크를 타는 게 아니라, 난데없이 자기를 "지켜 주겠다."고 해서 손만 잡고 잤다는 평범한 연애 미담이었다.

그런데 문제는 그 언니는 지켜 주겠다는 말이 달갑지 않았고, 왠지 기분도 좀 별로였다는 거다. "아니, 내가 문화유산도 아니고 뭘 지켜 주겠다는 건가?" 친밀한 사이에서 스킨십이 나쁘다고 생각하지 않는다는 이야기와 함께, 그럼 자기가 밝히는 거냐는 의문이 그 언니 고민의 요지였다.

사연 설명이 끝나자마자 주변에서 이야기들이 쏟아져 나왔다.
"그 지켜 주는 게 순결을 지켜 준다는 건가?"

"그치. 손만 잡고 잤다니까."
"뭐로부터 뭘 지킨다는 거야? 가장 위협적인 존재는 자기 아냐?"
"그러게. 자기로부터 지켜 준다는 건가?"
"그건 자기가 위협적인 인물이라는 뜻의 다른 표현이야?"
"지켜 준다는 거, 보호해 준다는 게 좀 일방적인 거 같아."
"저 남자는 순수한 의도인 거 같긴 한데, 좀 촌스럽다."
"상대에게 일방적으로 스킨십을 강요하지 않는 건 좋아 보여. 근데 지켜 준다는 말을 듣는 순간 갑자기 약한 인간으로 취급받는 것 같아."
"지켜 준다는 건 거꾸로 언제든 그 지위와 힘을 이용해 관리 지배할 수 있기도 한 거니까. 완전 음모론이군."
"평등한 관계라면 스킨십의 선들을 잘 합의해 가면 되지 않아? 그리고 그 약속을 잘 지키고. 지켜 주는 게 아니라!"
"응, 동감. 누가 누구를 지켜 줄 필요는 없는 거니까."
"지켜 주겠다는 말 함부로 하면 안 되겠다."

모든 여자가 지켜 준다는 말을 반긴다고 생각하면 오해다. 함부로 "지켜 줄게."란 말을 날리지 말고, 서로의 이야기에 귀 기울이자. 또 지레짐작으로 센스 없는 배려는 삼가자.

속사포처럼 쏟아지는 소녀들의 이야기를 듣고 있자니, 1979년에 발행한 미국의 1달러 동전에 들어가 있는 여성운동가 수전 앤

서니의 말이 떠오른다.

"여성은 남성의 보호가 필요해서는 안 된다. 그리고 반드시 자신을 보호하는 법을 배워야 한다."

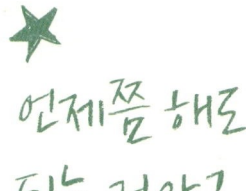
# 언제쯤 해도
# 되는 거야?

"키스하고 안고, 더듬더듬하는 스킨십만으로 관계가 잘 유지되는 게 아냐."

이렇게 경험으로 통달한 철학적 충고를 아끼지 않던 열다섯 살의 우주가 물어 왔다.

"스킨십에서 진도 나가는 거에 집착하지 않는 게 중요하다는 건 알겠거든. 근데, 사랑할 때 언제쯤 섹스를 해도 되는 거야? 그리고 몇 살부터 해도 되는 거야?"

헐~ 진도의 함정에서 자유로워야 정말 그때그때 현실의 스킨십의 즐거움을 알게 되는 거다 가르쳐 놨더니, 점점 어려운 걸 물어 온다. 차라리 "선생님은 몇 살 때 첫 섹스를 하셨나요?" 같은 단답형으로 물어라. 그런 답하기 어려운 질문 빼고.

하지만 아무리 어려울지라도 저 역사가 유구한 질문은 열애에 빠져 고민하는 청춘들의 과제일 터. 그런 까닭에 "언제쯤 해도 좋은가?", "몇 살부터 해도 되는가?"라는 질문을 접수해야겠다. 그럼, 이제부터 질문의 답을 찾아가 보자.

## 얼마나 사귀어야 섹스를 해도 괜찮을까?

우선 첫 번째 질문, "섹스는 언제쯤 해도 좋은가?"

언제라. 여기서의 '언제'는 나이를 말하는 게 아니라 두 사람의 관계가 '어느 지점'에 이르렀는가를 가리키는 것이다. 다시 말해, 사귄 지 얼마나 흐른 뒤에 섹스를 해도 되는가 하는 질문일 터. 그렇다면 초반부터 쉽게 답을 알려 주는 예가 하나 있다. 우리 고전 중 하나인 〈춘향전〉. 이야기는 다 알 것이다. 주인공은 이팔청춘의 춘향과 몽룡. 꽃도 빛도 살랑대는 5월 단오에 그네 뛰다 눈 맞아서는, 그날 밤 바로 합궁했다. 그런데 얘네들, "이리 오너라~ 업고 놀자!"만 한 게 아니다.

"네 아래 굽어보니 오목 요(凹)자, 좋구나. 내 아래 굽어보니 내밀 철(凸)자, 좋구나."

갑자기 뭔 오글거리는 음담패설 한 토막이냐고? 아니, 아니. 처음 만나 합궁한 그 둘이 나눈 대화다. 술을 부어라 마셔라 얼마나

언제쯤 해도 되는 거야? 97

폈는지, 심히 정열적으로 타올라 "삼베 이불 춤을 추고, 샛별 요강은 장단을 맞추어 청그렁 쟁쟁, 문고리 달랑달랑 등잔불은 가물가물" 그랬단다. 염장이 쿡쿡 쑤시긴 하지만, 역시 춘향의 굳은 절개의 배경에는 몸과 마음 따로 놀지 않고, 그로 인한 자기 확신이 있음을 알 수 있다. 머리 굴리고 재고 따지고 정신적 사랑 어쩌고⋯⋯에만 집착하는 게 없었다니까.

처음 본 사람과 사랑에 빠져 잠자리까지 한 번에 휘몰아치는 이 격정적 로맨스를 보자면 "사귀고 나서 언제쯤 섹스해도 될까요?" 같은 질문은 무색하다. 하지만 누구나 춘향과 몽룡이 같을 순 없는 게 현실 아닌가. 그들같이 이팔청춘을 꽃피울 수 있는 난년·난놈들은 이렇게 눈 맞은 날 바로 거사를 치르고, 현실이 험난하더라도 자기 사랑을 쟁취한다. 반면 아무리 오래 만나 사귀어도 순결근본주의에 입각해 사는 애들은 사귄 지 20, 30년 되어도, 나이가 마흔, 쉰 될지라도 결혼 안 하면 섹스 절대 안 하는 법이다.

그래서 이 물음의 답은 "사람마다 다르다."고 할 수 있다. 그러니까 어떤 평균적인 수치가 있다 해도 그건 그냥 다른 애들이 그랬다는 거고, 그대들의 섹스와는 상관이 없다는 얘기지. 이 질문에 대한 답을 찾기 위해서는 질문을 변주해, 반대로 물어 볼 필요가 있다.

"연애할 때 섹스할 준비가 되지 않았다는 건 어느 때일까?"

### 서로의 몸을 나눌 준비가 되었나?

상대방이 내 뱃살을 봐도 괜찮나? 입냄새도 나고 암내도 나고 할 텐데……. 그뿐이 아니다. 섹스하다 보면 서로에게 타액은 물론이거니와 생식기에서 나오는 애액이나 정액 같은 온갖 분비물이 묻을 수 있다. 자신의 가장 내밀한 영역을 내보여 줄 준비가 되지 않았다면 그건 아직 섹스할 준비가 되지 않은 거다.

인간의 몸과 마음은 서로 긴밀히 작용하는 유기적 관계에 있다. 내 마음이 움직임을 만들기도 하고, 또 그 움직임이 나를 만드는 것처럼 말이다. 내 마음의 주인이 나인 것처럼 내 몸의 주인 역시 나다. "내 몸은 내 거"라는 소유격이 아니라, "내 몸은 그냥 나"라는 정의! 몸을 절대 무시하면 안 된다. 신체의 경계는 관계의 경계이니까. 왜 콩나물시루 같은 지하철에서 모르는 사람이 내 몸 가까이 붙어 서면 불편해지지 않던가? 신체 주변의 경계가 흐려지면 스트레스가 온다.

섹스라는 건 그 신체 경계의 마지노선이다. 서로가 '나'라는 몸을 몽땅 공유하는 문제다. 이러한 몸과 마음의 경계가 삼엄히 존재한다면 상대와 아직 섹스를 할 사이가 안 된 거다. 반대로 이런 경계가 사라졌다면 섹스를 할 수 있는 지점에 가까이 다가섰다는 뜻이고. 소중한 자신의 몸을 언제 상대방에게 내밀한 영역까지 내보여 줄 수 있는 건지 곰곰이 생각해 볼 일이다.

### 상대방에 대한 믿음이 형성되었나?

섹스는 단순히 섹스에서 끝나는 문제가 아니다. 겁주자는 건 아니지만, 이건 섹스의 중요한 특질이다. 섹스가 단순히 유쾌한 경험에서 그친다면 몰라도, 다들 알다시피 섹스 이후 원치 않는 성병이나 임신 등으로 고생하게 될 수도 있다. 그런 일이 벌어졌을 때 상대방이 나와 어떠한 형태로든 함께해 줄 것이라는 믿음이 형성되어 있는지 살펴봐야 한다.

지금 이 순간에도 인터넷에는 이성 친구와 함께 찍은 사진이나 야시시한 동영상이 올라오고 있다. 물론 피해자는 대개 여성인 경우가 많고. 어쨌든 상대방이 이런 짓을 저지르지 않을 거라는 신뢰가 있는지 자문해 봐야 한다.

상대가 섹스한 뒤의 경험을 무슨 훈장처럼 주변에 떠벌리고 다닐 찌질이인지, 아니면 둘만의 추억으로 소중히 간직하는 품위 있는 자인지에 대한 판단이 필요하다. 상대가 후자라는 믿음이 없다면 웬만하면 준비 기간을 더 갖자. 임신이나 성병에 대한 공포만이 성욕을 저해하는 요소가 아니다. 어쩌다 '했다'는 소문이라도 나서 소속된 사회에서 생활하기 피곤해지는 건 또 다른 공포니까.

만약 내가 너무 사랑해 마지않는 상대가 그런 품위가 없는 자라면 가르쳐라. 떠벌리고 다니면 혼내고 또 가르치고! 그렇게 스킨십의 에티켓을 배워야 삶의 소양이 쌓여 좋은 섹스도 할 수 있다.

내 남자나 네 남자나 다 똑같다. 연애하면서 서로서로 가르쳐 놔야 이 세상에 괜찮은 남자들이 많아지는 거니까, 인류애를 발휘해 보자. (물론 여기서 남자는 여자로 바꿔도 무방하다.)

## 스스로를 핸들링할 수 있나?

자, 이 항목은 "꼭 사랑해야만 섹스할 수 있나요?"라고 물어 오는 프리섹스 지향자들은 더더욱 명심할 지침이다. 섹스는 지극히 개인적이지만 한편으로 사회적인 여러 함의를 품고 있으므로 나 스스로를 핸들링할 수 있는지에 대한 믿음은 가장 중요하게 따져 볼 일이다.

원치 않는 임신을 피하기 위해 평소 피임 지식을 쌓고 섹스 때마다 꼬박꼬박 피임할 자신이 정말 있는지, 섹스 후 변화하는 둘 사이에 대해 예측하고 소화할 자신이 있는지, 사회적으로 금기시하는 섹스라는 행위에 따라붙는 부담을 가뿐히 넘길 수 있는지가 핸들링의 주요 항목들이다. 더 나아가서 영화 〈주노〉의 열여섯에 임신한 주인공처럼 예측 불가능한 역경에도 대처할 수 있는지 고찰할 수 있다면 더 좋고.

부당하긴 해도 사회에서 섹스라는 행위는 미성년이나 비혼자에게 결코 독려되지 않는다. 그들이 섹스를 하면 부적절하다는 사회의 낙인이 따라붙기 때문에, 원치 않는 자기검열이 작동한다. 주위 사람들이 모른다 해도 스스로 죄책감에 시달린다면 그 섹스는 자기 파괴적인 행위가 된다.

그리고 무엇보다 자신이 지금 섹스를 하기 원하는지, 원한다면 왜 원하는지 명확한 판단을 내릴 수 있어야 한다. 특히나 상대에게 휘둘려서, 분위기에 휩쓸려서 하는 섹스는 쾌락보다는 큰 후회로 다가올 가능성이 크다. 만약 상대의 강요나, 안 하면 헤어지겠다는 협박에 얼떨결에 성관계를 맺었다 치자. 관계를 유지하기 위해, 관계가 그릇될까 두려워 내키지 않는데도 했다면 앞으로도 계속 그런 식으로 성관계를 맺을 공산이 크다.

이건 결국 관계의 주도권을 상대에게 온전히 맡겨 버리는 격이다. 성관계를 빌미로 연애를 지연시켰다면 연애가 위태로워질 때마다 성관계를 습관적으로 내밀어 임시 처방책으로 써먹을 것이다. 이런 관성은 점점 굳어지게 된다. '한 번만 이렇게 하면 될 거야.' 하고 생각했겠지만 그것이 결국 관계를 맺는 자신의 스타일을 결정할 수 있다는 거. 특히 섹스는 한 번 그 선을 넘어서면 두 번째, 세 번째는 더더욱 쉬워진다. 그러므로 이러한 습관은 나중에 의식적인 노력 없이는 바꾸기 힘들 수도 있다. 그러니 이런 주위 상황에 휩쓸리지 않고, 본인에 대해서 확고한 자신과 확신이 선 사람이라면 섹스는 그대의 자유다.

섹스할 준비가 되었다는 것은 섹스의 테크닉과 체위를 아는 문제랑은 거리가 멀다. 자기 자신, 그리고 상대, 나아가 서로의 관계에 대한 나름의 통찰이 생겨야 하는 문제다. 대개는 이것이 어른이 되는 과정과 거의 동일하다. 위의 세 가지 질문에 준비가 다 되었다면, 삶이 충만해지는 요소로의 섹스를 맘껏 누릴 수 있지 않을까? 얼마나 사귄 거랑은 상관이 별로 없다는 말씀!

## 섹스는 몇 살부터 해도 될까?

몇 살부터 해도 되냐는 이 질문이야말로 지구에 현존하는 진정한 7대 불가사의 중 하나가 아닐까 싶다. 그래서 답부터 들려주자면, 섹스는 몇 살부터 해도 되는 게 아니다.

다들 알다시피 이 땅의 청소년이란 존재가 미숙하고 어려서 섹스가 금지된 게 아니다. 조선시대 기본 법전인 〈경국대전〉을 보면 여자 14세, 남자 15세가 되면 혼인을 허한다는 규정이 있다. 이렇듯이 섹스를 공인하는 연령은 시대마다, 국가마다 다르다. 조선시대에는 이팔청춘에 혼인해서 성생활을 누렸건만, 지금 우리의 이팔청춘은 성생활 즐길 권리를 박탈당했다. 그 시절에는 고작 지금의 중딩 나이에 사춘기란 게 올 새도 없이 관례를 통해 성인으로 대우받았고, 오늘날에는 만 20세가 되고 나서야 성년의 날에 장미꽃이라도 한 송이 받을 수 있다.

사실 청소녀, 청소년들은 성적으로 왕성하다. 인간 본연의 '몸'으로 시선을 돌려 보자. 이팔청춘은 한의학적으로 봐도 한창 성 에너지가 깨어나기 시작할 때다. 단순한 의학 서적을 넘어 천지만물의 이치를 설파하는 〈동의보감〉에 따르면, 인간 몸의 발달 주기는 여자는 7수, 남자는 8수다. 여자는 7세가 되면 이가 나고, 14세가 되면 생명 현상을 주관하는 혈해(血海)라는 태충맥이 성해서 생리를 하게 된다. 성 에너지가 용솟음치고 꽃피는 건 이렇듯 너무나 자연스러운 몸의 현상이다. 아무리 막으려 해도 2차 성징과, 도태되었다는 발정기 아닌 발정기는 이렇게 찾아온다. 그래서 참 어렵다. 가장 자연스러운 것을 금지하는 사회 제도에서 살아가기는. 때문에 피 끓는 이팔청춘 소녀소년들이 해도 되냐고 물어 오면 이렇게 질러 버릴까도 싶다.

"피임할 능력 되면, 그냥 너 하고 싶을 때 해!"

너무 빨리 결혼하는 게 문제라는 계몽주의자들의 비판이 힘을 얻은 근대만 아니었다면, 또 육체적 사랑보다 정신적 사랑을 추구하라는 낭만적 사랑의 결혼관만 없었다면, 아아, 좀더 이른 시절에 태어났었더라면~!! 자연스런 생명의 순리대로 이팔청춘들은 꽃을 피우며 살 수 있었을 텐데. 그러하니 앞서 제시한 '섹스할 준비'

가 모두 되었다면, 생물학적 나이와 상관없이 생이 충만해지는 성을 누릴지어다.

여기서 돌발 퀴즈! 다음은 세계의 첫 성경험 평균 연령대를 나타낸 그림이다. 한국은 조사 대상국이 아니어서 통계가 나오지 않았는데, 어디쯤 위치할까?

자료에 따르면 우리나라는 일본과 비슷하다고 한다.

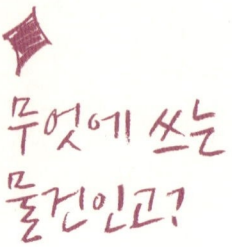
# 무엇에 쓰는 물건인고?

2장에서는 스킨십이 절대 희생과 봉사가 아니며, 반드시 내가 주체가 되어야 한다는 이야기를 나눠 봤다. 이제 입문을 넘어서 실전 심화 단계의 이야기들을 나눌 차례다.

그러기에 앞서 다짜고짜 질문, 아니 스무고개 하나를 함께 풀어 보자. 퀴즈를 싫어하는 그대도 이 스무고개만 잘 끝내면 이 물건에 관한 한 꽤 유식해질 수 있다. 그러니까 이 물건이 뭐냐고? 에잇, 그걸 지금 말할 순 없지. 단, 연애를 하기 전에 꼭 배울 필요가 있는 주요한 정보 중 하나라는 건 장담할 수 있다. 이 물건의 쓰임과 역사를 모두 마스터한다면, 친구나 연인과의 은밀한 대화 중에 잘난 척할 기회를 잡을 수도 있다. 그리고 무엇보다 이 물건의 정확한 사용법을 숙지한다면 꽤 커다란 불안과 공포로부터 멀어질 수가 있다. 무엇으로부터의 공포냐고? 그건 차차 알아 가야지. 그런데 문제 풀기 전 하나만 약속하고 시작하자. 우리 양심적으로 힌트 하나만 보고 인터넷으로 검색해서 바로 찾아보기 없기!

자, 이것은 무엇일까?!

### 힌트1. 이 물건의 기원은 확실하지가 않다

오랜 옛날부터 세계 각지에서 사용해 왔으나, 이 물건이 언제 최초로 등장했는지를 두고 학자들은 지금도 논쟁을 한다. 기록을 보자면 아시아에선 15세기 이전에 사용한 흔적이 있다. 여성의 지위가 높았던 곳에선 두께가 두꺼운 형태의 이 물건이 발견되기도 했다. 옛날에는 오직 상류층에게만 허락된 것이기도 했다. 고대 이집트 벽화에는 이 물건을 쓴 남성이 등장하기도 한다. 용도는 장식용인지 종교적 의식의 일환인지 아니면 그 밖의 무엇인지 알 수가 없다. 옛날에는 양의 내장, 거북 껍데기, 기름 적신 실크 등으로 만들었다.

### 힌트2. 이 물건을 가리키는 은어가 참 많다

영국인들은 '프랑스인의 편지(french letter)'라고 불렀고, 프랑스인들은 '영국인의 외투(la capote anglaise)'라는 말을 썼다. 역사적으로 이 두 나라의 관계가 그리 우호적이지 않았다는 것을 염두에 두길. 예나 지금이나 입에 담기 민망해하는 것은 떠넘기기 마련이니. 한국에선 요즘 이걸 CD라고 하던가?

### 힌트3. 가장 유명하지만 근거는 희박한 이야기 하나

현대적으로 새롭게 발명한 이 물건은 영국 왕 찰스 2세(1630~1685)의 주치의가 난봉꾼인 왕을 위해 만들었다는 설이 있다. 1709년 〈태틀러〉라는 영국 잡지에선 이 물건을 그가 만들었다고 소개했고, 이 물건을 발명한 궁중의사는 이름을 세상에 알리길 꺼렸다고 한다. 위대한 작품 앞에 으레 자기 이름을 붙이고 싶어하게 마련인데, 왜 이 궁중의사는 이름을 숨기려 했을까? 그런데 많은 사람들은 이 물건의 이름이 이 궁중의사의 이름에서 유래했다고 믿고 있다. 이 의사 양반, 이름 한번 길게도 간다.

### 힌트4. 이 물건은 한국에서 1970~80년대에 찬양받았다

1971년, 대한민국 정부가 약국 말고 다른 데에서도 이 물건을 팔 수 있게 판매를 자유화했다. 인구를 줄이려는 무시무시한 독재정권의 힘이란! 현재는 단 세 곳의 한국 기업이 이 물건으로 세계 점유율 1위를 차지하고 있다. 하지만 한국은 OECD 국가 중 이 물건의 사용률이 최하위권이다.

### 힌트5. 자판기에서도 살 수 있다

우리나라에선 주로 지하철 화장실에서 이 물건의 자판기를 볼 수 있다. 프랑스 초·중·고등학교, 독일 고등학교에도 이 자판기가 있다.

아, 스무고개는 너무 긴 것 같다. 지친다.

이제 이쯤해서 문제의 정답을 맞춰 보자. 독일의 리타 박사는 이 물건의 이름을 페르시아의 저장 용기에서 따온 것이라고 주장했다. 페르시아에서는 동물의 창자로 만든 긴 저장 용기를 쓰는데, 이름은 kendu 또는 kondu라고 한다. 또 독일의 작가 한스 휄디는 프랑스의 Condon 촌에서 유래한다고 했다가, 나중엔 라틴 어의 동사 condere(숨기다, 방어하다)로부터 파생했다고 주장했다. 대체로 정설로 받아들여지는 해석은 라틴 어로 '피난처'를 뜻하는 condom에서 기원했다는 설이다.

자, 이제 모두들 눈치 챘을 것 같다. "혹시 캔디인가요?"라고 되묻는 자가 있다면, 대략난감이다. 하지만 어쩌겠는가. 못 배워서 그런 것을. 진짜 못 배우면 못 배운 티 난다. 아는 만큼 보이고, 배운 만큼 아는 것을. 그래서 우리는 배울 필요가 있다. 건강하고, 아름다운 우리의 생을 위해서라도 사랑을 나눌 때 꼭 필요한 정확하고 안전한 피임법들을.

# 콘돔을 둘러싼 진실 혹은 거짓

일시적 준비만으로도 간편하게 임신을 막을 수 있는 피임법인 콘돔은 부작용도, 비용도 적게 든다. 미국 환경기구의 상임연구원인 존 라이언은 자신의 저서 〈지구를 살리는 7가지 불가사의한 물건들〉에서 지구를 살리는 7가지 불가사의한 물건 중 하나로 콘돔을 꼽기도 했다. 원치 않는 임신과 성병들로부터 자유로워지는 데에 도움을 주는 콘돔. 그 사용법을 배우며 벌어진 소녀들과의 에피소드를 살펴보고, 콘돔에 대한 진실 혹은 거짓을 알아보자.

## 콘돔을 씌워 보자

때는 바야흐로 여름이 끝나가고 가을의 문턱으로 접어들던 무렵, 소녀들과의 〈연애 인문학〉 수업에서 마침내 콘돔에 대해 배우고 실습하는 날이 찾아왔다. 콘돔과, 콘돔을 직접 씌워 볼 실습용 오이가 준비됐다. 아이들은 교실에 들어서며 테이블 위에 놓여 있는 오이와 콘돔 박스들을 보고는 흥분 모드로 돌입했다. 함께 수업을 하는 아이들 중에는 난생 처음 콘돔을 보는 아이도 있었고, 익히 봐 온 아이도 있었다.

"우선 콘돔을 씌울 오이를 나눠 줄게. 오이는 두 사람에 하나씩이니까 반으로 잘라서 가져가."

눈에서 광선을 쏘며 설명 하나하나에 귀를 기울이던 아이들은 오이를 받아들자 다시 웅성거리기 시작했다.

"정말 이 오이만할까?"

"에이~ 이렇게 크다고? 더 작지 않나?"

"더 클지도 몰라."

"오이만한 건 발기했을 때 크기 아냐? 원래는 엄청 작잖아. 이렇게 크진 않다니까."

"야! 그거야 사람마다 다르겠지 뭐. 우리 가슴 크기도 다들 제각각이잖아."

웅성웅성~

"먼저 어떻게 사용하는지 시범을 보일 테니까 잘 봐 둬. 콘돔을 뜯을 땐 주의를 기울여야 해. 뾰족하고 긴 손톱으로 잘못 뜯다간 찢어질 수도 있어. 물론 요즘 콘돔들은 품질이 좋아서 쉽게 찢어지진 않지만. 여기 콘돔의 포장지를 뜯으면 끝이 봉긋하게 솟은 부분이 나오지? 이 봉긋하게 솟아 있는 곳은 페니스의 꼭대기 부분, 전문용어로 '귀두'라는 곳에 씌워질 거야. 나중에 남자의 정액이 여기에 고이니까 1센티미터쯤 공간을 둬. 그리고 콘돔을 씌우기 전 이곳을 살짝 비틀어 바람을 빼야 해. 그렇게 해야 공기가 들어가지 않거든. 공기가 들어가면 콘돔이 터질 수도 있어. 이렇게 바람을 빼고 나선, 납작하게 말려 있는 콘돔을 오이에 밀착시켜. 자, 이제 말려 있는 콘돔을 살살 펴 가며 다 씌워. 오이에 콘돔을 씌우고 혹시 구멍 난 데 없나 잘 살펴봐도 좋아. 그럼 돼."

"아!!!!!!!!!!!!!!!!!!!!!!!!!!!!!!!!!!!!!!!!!!!!!!"

소녀들은 내게 쏘던 광선을 일제히 거두고는 자신들의 오이와 콘돔에 집중했다. 두어 명이 방법을 재차 물어 와 개별적으로 봐 주는 사이, 다른 아이들은 오이에 콘돔 씌우기를 해냈다. 소녀들은 다했다며 콘돔 씌운 오이를 들고 아우성이었다.

하지만 역시 한 번의 설명으로는 부족했던 것일까, 아니면 미끄덩한 콘돔이 손에 닿은 게 충격이었던 탓일까. 한 아이는 콘돔을 뜯자마자 오이에 씌우기도 전에 자르르 일자로 펼쳐 놓았다. 그리고는 딱딱해서 유연성이 전혀 없는 오이에 쫙 펴진 — 절대 씌워질 리 없는 — 콘돔을 낑낑거리며 씌우고 있었다. 그리고 그 옆에 앉아 있던, 내 설명을 여유 있고 흐뭇하게 바라보던 또 다른 아이는 오이의 끝부분, 페니스의 귀두 정도 되는 부분에만 달랑 콘돔을 덮어씌워 놓고는 쌩글쌩글 웃는 낯으로 말한다.

"선생님, 이렇게 하는 거 맞죠? 다했어요!"

'오 마이 갓!'

포장을 뜯어 씌우면 된다고 간단하게 생각했던 콘돔. 사용법을 익히는 일은 생각보다 쉽지 않았다. 혹시 몰라 준비해 간 여분의 콘돔을 남김없이 모두 풀어야 했다. 콘돔에 물을 채워 넣어서 새는 곳 없이 안전을 확인하는 방법, 사용한 콘돔을 묶어서 버리는 방법을 설명하는 것을 끝으로 수업은 끝났다.

콘돔을 쓸 때는 먼저 자르르 쭉쭉 펼쳐 놓고 씌우는 거라 여겼던 소녀와, 정액이 나오는 끝부분에만 씌우면 되는 거 아니냐고 되묻던 소녀가 아직도 뇌리에 남아 있다. 뒤의 소녀는 콘돔의 생김새를 친구로부터 전해 들은 적이 있는데, 그때 콘돔을 반만 씌우면 되는 거라고 혼자 상상했단다. 얼핏 설핏 오가면서 주워들은 정확지 않은 정보들은 참 이렇듯 매콤하게 작용하는 듯싶다.

# 콘돔에 대한 일곱 가지 진실 혹은 거짓

## 재활용이 가능하다?

재활용하려는 건 가난해서인가? 아니면 지구를 사랑해서인가? 도대체 왜 그러는가!

첫 번째 이유, 500원이 없어서라면 내게 연락하고, 두 번째 이유라면 잘못된 지구 사랑보단 자신의 몸을 사랑해 주라는 말을 해 주고 싶다.

일단 한 번 사용한 콘돔은 잘 묶어서 쓰레기통에 버리고, 절대 재사용해선 안 된다. 혹여 깨끗하게 물로 씻어 쓴다고 해도 콘돔 안팎의 경계들엔 정액이 묻을 수 있다. 마르지 않은 이상, 짧은 기간이긴 해도 콘돔에 묻어 있는 정자들은 살아 헤엄친다. 또 이미 쓴 콘돔을 다시 쓰는 일은 비위생적이어서 더러 염증을 일으킬 수도 있다. 그러니 다른 물건의 재활용은 권장하되, 콘돔의 재활용만큼은 하지 말지어다.

## 미성년자는 살 수 없다?

인터넷 지식 사이트를 보면 콘돔을 파는 약국과 편의점을 묻는 질문들이 한가득이다.

"욕하지 말고, 미성년자인데 신분증 안 보여 줘도 콘돔 살 수 있는 곳을 알려 주세요. 사는 곳은 부산 금정구입니다. 인천입니다. 마산입니다. 서울 대치동입니다……."

전국 방방곡곡의 소녀소년들은 거주 지역의 콘돔 판매처 정보를 공유해 달라고 난리다. 그리고 답변 중 상당수는 "학생 주제에 뭔 콘돔이냐. 공부나 해라."는 식의 훈계 질타의 글이다.

그러나 걱정 마시라. 미성년자도 전국 어디에서나 쉽게 콘돔을 구입할 수 있다. 미성년자 구입 금지 품목에 콘돔은 들어 있지 않다. 술이나 담배처럼 신분증을 요구하지 않는다. 그냥 동네 약국이나 편의점, 역 화장실의 콘돔 자판기에서 맘 편히 사라.

### 정액이 나오는 귀두 부분에만 씌우면 된다?

앞의 에피소드를 꼼꼼히 읽었다면 알 것이다. 귀두 부분에만 씌우면 신체 마찰 중에 금세 벗겨진다. 꼭 끝까지 다 씌워라. 그게 안전하다.

### 성병을 예방해 준다?

콘돔을 사용하면 에이즈와 임질, 매독 등 많은 성병이 예방된다. 성관계에 목숨을 걸 필요는 없으니, 무조건 콘돔을 쓰는 게 좋다. 무서운 이 성병들로부터 서로를 보호하기 위해서 말이다. 청소년은 성병에 걸리지 않는다고 생각하는 무식한 사람들도 더러 있지만, 절대 틀린 말이다. 여러 사람과 콘돔 없이 위생 상태 고려하지 않고 성관계를 맺으면 당연히 성병에 걸릴 확률이 높아진다. 성병은 구강 성교나 성기 결합, 항문 성교 등으로 옮는 전염성 질환 중 하나다. 청소년도 예외는 아니다.

대부분의 성병은 조기에 발견해 전문적 치료를 받으면 크게 문제 될 게 없다. 집에 알려지는 게 두렵다고 혼자 병을 키우지 말고, 문제가 생긴 것 같으면 병원에 가서 치료를 받는 게 자신과 성관계를 맺는 상대를 모두 지키는 길이다. 병원에 가면 진료 기록은 남되, 따로 집에 연락하진 않는다. 안심하라. 성병이 의심되면 모든 성교를 중단해야 한다. 그 전에 콘돔 써 버릇하고.

그런데 콘돔을 사용해도 전염되는 것들이 좀 있다. 이건 성병은 아니지만, 불쾌하고 좀 가렵다. 음모에 생기는 이나 진드기 같은 것들은 털로 옮기는 것이어서 같이 붙어 자거나 성관계를 맺으면 옮기도 한다. 군대에서 옮아 온다는 얘기도 있다. 머리에 사는 이들도 옮겨 다니니까.

암튼, 결론은 콘돔을 쓰고, 나와 성관계를 맺는 상대가 청결하고 건강한지 유심히 살피는 게 여러모로 현명한 일이라는 거다.

### 발기를 하기 전에 씌워야 한다?

발기하기 전에 콘돔을 씌우면 좀 우스꽝스러워지지. 그러면 콘돔에 빈 공간이 남아돌고, 콘돔을 적절하게 사용할 수 없게 된다. 콘돔은 발기한 후에 씌우고 성적 접촉이 있기 전에 사용해야 한다.

사정만 안 하면 임신하지 않는다고 생각하는 사람이 많지만, 그것 역시 오해다. 성적으로 흥분한 남성은 요도를 세척하기 위한 목적으로 쿠퍼액이라는 분비물을 배출하는데, 이 쿠퍼액에 소량의 정자가 포함되어 있다. 실상 쿠퍼액만으로 임신이 되긴 굉장히 어렵지만, 또 모른다. 쿠퍼액이 저주를 내리면 임신이 될 수도 있다. 확률은 낮아도 사례는 있으니까. 체외로 나온 쿠퍼액은 건조되면 안전하다.

### 자연 주기법도 훌륭한 피임 방법이다?

콘돔을 쉽게 사지 못하는 그 심정, 백배 이해한다. 허나, 위험하다. 성관계에 안전은 필수다. 성병과 원치 않는 임신으로부터 안전이 보장될 때 성관계의 질도 높아질 수 있다는 걸 기억하자.

세상에 100퍼센트 완벽한 피임법은 없지만, 꼼꼼히 따져 봤을 때 성공 확률이 높은 피임법을 이용하는 것이 바람직하다. 그런데 배란 주기를 계산해 피임을 하는 자연 주기법은 실패율이 매우 높은 피임법이다. 로마 가톨릭교회에서 장려하는, 여성의 배란기가 아니면 안심하고 성관계를 맺는 이 피임법은 룰렛에 버금가는 도박이다. 오죽하면 사람들이 '바티칸 룰렛'이라는 이름을 붙였겠

나. 아예 피임을 안 하는 것보다야 낫겠지만, 여성의 몸이라는 게 생물 시간에 배운 배란 주기처럼 딱딱 맞아떨어지질 않는다. 사람마다 배란 주기는 다르고, 같은 사람이라도 주기마다 또 다를 수 있다. 특히 월경 주기가 들쭉날쭉한 사람은 자연 주기법만으로 피임을 하는 건 무리다.

그러니 콘돔 없이는 섹스하지 말고, 해야겠다면 콘돔을 사라. 콘돔을 사는 게 창피한 게 아니라, 무책임하게 콘돔을 안 쓰는 게 더 창피한 일이라는 걸 알아야 한다.

### 유통기한이 없다?

콘돔도 유통기한이 있다. 뜯기 전에 살펴보자. 짧게는 3년에서 길게는 5년 정도 되는데, 유통기한을 넘긴 콘돔은 사용하면 안 된다. 부식이 되어 위험하다. 또 지갑에 오래 넣고 다니던 콘돔 역시 좋지 않다. 직사광선을 피해 잘 보관한 콘돔을 쓰는 게 좋다.

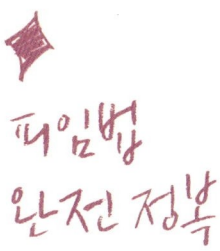
# 피임법
# 완전 정복

## 그거, 한 알만 먹으면 되는 거지? : 경구 피임약

이 발명품은 올해로 시판된 지 50년이 되었다. 그러니까 내게 "그거, 섹스하기 전에 한 알만 먹으면 되는 거지?"라고 물어 온 현진이보다 약 3배수 정도 먼저 태어난 셈이다. 현진이뿐 아니라 의진이와 우주도 경구 피임약(먹는 피임약)을 두고 "피임약은 (언젠지 정확히는 몰라도) 한 번만 먹으면 되는 거 아냐?" 같은 소릴 한다.

물론 하루에 한 알만 먹으면 되는 건 맞다. 그런데 성관계를 맺기 전 하루 한 알이 아니라 적어도 7일 동안은 하루에 한 알씩 꾸준히 먹어 줘야 효과가 있다. 그녀들이 즐겨 보는 드라마나 영화, 소설에도 여자 주인공이 피임약을 먹는 장면이 나오는데, 극의 흐름상 보통 한 번 정도만 비추기 때문에 이 약은 한 알만 먹으면 된다고 오해했단다.

처음 경구 피임약을 복용할 경우는 생리 시작일에 먹기 시작하는데, 적어도 생리 시작 5일 안에 먹기 시작해야 피임 효과가 있다. 기억할 건 성관계를 하고 나서 먹으면 효과가 없다는 점이다. 만약에 생리 시작일에 먹지 못했을 경우 처음 일주일간은 약을 먹으면서 콘돔 같은 다른 피임법도 함께 써야 안전하다. 약을 꾸준히 먹은 지 일주일 정도가 지나면 피임 효과가 생긴다.

경구 피임약 중에는 21알 들어 있는 것과 28알 들어 있는 게 있는데, 효과엔 차이가 없다. 알약 수가 21알일 경우 21일을 매일 비슷한 시간에 먹고, 7일은 약을 먹지 않고 쉬어 준다. 7일 동안 약을 먹지 않는 휴식기에 생리가 시작된다. 21알을 다 복용한 후 정확하게 생리가 시작되기도 하지만, 2~4일 늦어질 수도 있다. 생리

여부와 상관없이 7일을 쉬고 나선 다시 새로운 약 한 통을 사서 똑같은 방식으로 먹으면 된다. 알약 수가 28알인 경우는 21알을 꾸준히 먹은 다음, 약 색깔이 다른 7알을 차례로 먹는다. 날짜 챙기는 거 잘 까먹는 사람은 그냥 매일 먹는 28알이 편하긴 하겠다.

피임약을 먹으면 생리는 하되, 배란이 안 된다. 배란이 되지 않으니, 임신할 일이 없다. 피임약을 먹으면 대개 불규칙하던 생리주기가 잘 맞게 되고, 철결핍성 빈혈도 덜 나타나며, 생리통도 줄어든다.

하지만 밝혀진 부작용도 만만치 않다. 두통이나 메스꺼움, 체중 증가, 부정출혈 말고도 특히나 흡연자에게 피임약은 뇌졸중이나 심장마비와 관련된 병에 걸릴 확률을 높인다. 또 간염이나 간장 질환이 있는 사람과, 심장이 약하거나 신경학적 증세가 있는 편두통 환자도 피임약을 복용하면 위험하다. 우울증이나 기미, 천식, 간질, 자궁근종, 여드름 등이 있는 사람들은 피임약을 선택하는 데 신중해야 한다. 호르몬을 인위적으로 조절해 몸에 변화를 주는 약이니 먹기 전과 복용 중, 특히 먹기 시작하고 몇 달은 몸이 약에 어떻게 반응하는지 잘 살펴볼 필요가 있다. 제약회사나 그 회사의 로비를 받는 의사들은 서슴없이 피임약의 효과를 선전하고 권할지라도, 피임약을 먹는 당사자인 우리는 비판적 입장에서 꼼꼼하게 득과 실을 따져 보자.

- **우울증** : 여성 4명중 1명은 피임약을 먹으면 전보다 더 신경과민이 되고, 불안하고 우울해진다. 이 증상은 복용이 이어질수록 나아지기보다 계속된다. 우울증이 경미할 경우 저용량 피임약으로 바꿔 보거나 비타민B6를 섭취하면 도움이 될 수도 있지만, 이런 방법이 해결책이 되지 않는다는 의견도 있다. 또 피임약을 먹는 사람은 먹지 않는 사람에 비해 우울증 발병률이 2배가량이나 높다는 연구 결과도 있다. 우울증이 심한 사람은 경구 피임약 말고 다른 피임법을 택할 일이다. 피임약을 먹다 우울증이 심해진다면 복용을 중단하는 게 좋다.
- **피부병** : 피임약은 습진이나 두드러기(발진)를 일으킬 수 있다. 프로게스틴이 주로 들어 있는 피임약을 먹으면 피부가 지성이 되거나, 지성이 더 심해진다. 여드름이 심한 사람들은 참고할 것.
- **부정출혈** : 생리 말고 생기는 질 출혈을 말한다. 약을 중단할 때나 깜박하고 먹는 걸 잊었을 때 이런 일이 생긴다. 먹는 피임약 성분 중 에스트로겐이나 프로게스틴의 함량이 어느 시점에서 자궁내막을 유지할 만큼 충분치 않으면 자궁내막의 일부가 떨어져 나가 출혈이 생긴다. 자궁이 새로운 호르몬 수치에 익숙해지면 증세가 사라진다. 저용량 피임약이 출혈을 일으킨다고 해서 피임 효과가 없는 건 아니다.

## 들어는 봤나, 바티칸 룰렛 : 자연 주기법

'돌아가는 바퀴'라는 뜻의 룰렛은 도박의 일종인데, 그 흡인력은 매우 세다. 룰렛은 0~36까지 숫자가 적힌 원형의 회전판 안에 구슬을 던져 그것이 어디에 정지하는지에 돈을 거는 매우 단순한 게임이다. 16세기 유행하기 시작해 유럽의 상류사회에서 연회 때 사교 목적으로 널리 쓰였다. 카지노로 유명한 모나코에서는 몬테카를로 카지노의 룰렛 수익만으로 모나코 공국의 모든 경비를 충당할 수 있다고 한다.

룰렛의 무시무시한 힘은 러시아의 대문호이며 〈노름꾼〉을 쓴 도스토예프스키에게서도 볼 수 있다. 그는 룰렛으로 가산을 몽땅 탕진했다. 가진 돈 도박으로 다 잃어 부인에게 싹싹 빌었으면서도, 출판업자한테 돈 받으면 또 룰렛을 하는 대문호의 모습이라. 좀 친근하게 다가오긴 한다.

여하튼 이런 룰렛의 이름값 때문인지는 몰라도 이 이름이 붙은 것들 또한 하나같이 강력하고 위험하다. 6연발 리볼버 권총 하나에 탄환을 오직 하나만 넣고 각자 자기 머리에 쏘는 러시안 룰렛이 그렇고, 생리 주기를 계산해 성관계를 맺는 자연 주기법 중 하나인 날짜 피임법이 그렇다. 근데 이 날짜 피임법엔 룰렛의 이름이 빠져 있지 않느냐고? 아하, 모르시는 말씀. 앞서 콘돔 소개하면서도 잠깐 언급했구먼, 뭐! 과거의 생리 주기를 바탕으로 앞으로의 배란일을 계산해 성관계를 맺는 이 피임법의 또 다른 별칭이 '바티칸 룰렛'이다.

잘 알다시피 바티칸은 이탈리아 로마 북서부에 있는 가톨릭 교황국이다. 1930년 로마 가톨릭 소속 의사 존 스멀더스가 체계적 형식을 마련한 이 피임법은 가톨릭에서 유일하게 인정하고 권하는 피임법이다. 배란일 계산은 생물 시험 문제에도 출제되는지라 제대로 다른 피임법을 배운 적 없는 한국의 다수 커플과, 세계의 가톨릭 신자 커플들에게 애용된다.

앞서 말했듯이 여성의 배란 주기는 규칙적인 생리 주기 안에서도 때때로 다를 수 있다. 배란을 하는 난소와 자궁 관계에서 분명한 것은 배란을 하는 것이 꼭 생리를 불러오는 건 아니라는 거다. 따라서 어떤 시기 배란은 다음 번 월경과 관련 있지만, 반드시 그런 것은 아니다. 배란 날짜가 항상 딱딱 맞으면 오죽 편할까 싶지만, 배란은 심한 운동, 스트레스, 급격한 몸무게 변화에 따라 미뤄지기도, 당겨지기도 한다. 더군다나 초경을 시작한 지 얼마 안 되는 소녀들은 생리 주기가 규칙적이기 힘들다. 때문에 이 피임법은 실패 확률이 꽤 높다. 피임이 오죽 안 되면 저 같은 이름이 붙었을까 생각해 보자. 미국의 가톨릭 신자이자, 보수적이고 엄격하기로 이름 높은 대법관 안토니 스칼리아도 바티칸 룰렛 방식으로 피임을 하다 보니 9남매를 두게 되었다는 우스갯소리를 했다.

이처럼 높은 실패율을 자랑하는 바티칸 룰렛은, 생리 주기가 일정한 사람만이 쓸 수 있다. 먼저 가임 기간을 계산하려면 최소 6개월 사이의 생리 주기를 기록한다. 지난 생리 주기 중 가장 짧은 주기에서 18일을 빼고, 가장 긴 주기에서 11을 뺀다. 만약에 생리 주기가 가장 짧았던 날이 28일이고, 가장 길었던 날이 30일이라면 28일-18일=10일, 30일-11일=19일이다. 그러면 매달 10일부터 19일까지는 꼭 성관계를 피해야 한다. 반대로 임신을 원한다면 이 날 꼭 성관계를 맺으면 되고.

만약 6개월 사이 생리 주기를 정확히 모르는 경우는 다음 생리 예정일에서 14일을 뺀 날짜를 배란일로 가정해서 그 배란일을 중심에 놓고, 전후 각각 5일씩 총 11일간을 임신할 수 있는 시기로 여기면 된다. 이 방법도 생리 주기가 규칙적일 때 그나마 피임 효과가 있는데, 28일 주기라면 생리 예정일로부터 14일 전이 배란 예정일이다.

이런 날짜 피임법에도 진화는 있었는데, 1999년 조지아 대학교에서 표준일 피임법이 발명됐다. 단, 생리 주기가 26일에서 32일 사이인 사람만 적용할 수 있다. 빨간색으로 표시된 처음 생리 주기는 안전기이다. 그 후 연보라로 표시된 8일째부터는 가임기, 초록색은 다시 안전기다. 바티칸 룰렛보단 표준일 피임법이 비교적 안전한 건 사실이다.

## 바티칸 룰렛을 도와주는 미션 1, 기초 체온

기초 체온 측정은 재미로 보는 그날의 운수나 생년월일을 입력하고 보는 바이오리듬, 즉 PSI(신체 physical , 감정 sensitivity , 지성 intellectual) 학설을 신봉하는 사람들에게 추천한다. 생년월일에 의지해 알 수 없는 미래를 짐작하는 것보다 매일 달라지는 몸의 변화를 잘 관찰해 기록해 두는 게 피임뿐 아니라 스스로를 이해하는 데에도 훨씬 도움이 될 게다.

우리의 체온은 배란 전엔 낮아지고, 배란 후엔 높아진다. 일반적으로 배란 전 체온은 36.1~36.5도이고, 배란 후 체온은 36.6도 이상이다. 체온이 최하점으로 내려갔다가 상승하는 중간 상태일 때 배란이 일어난다. 3일 연속으로 0.3도 정도 체온이 상승하면 배란이 된 거다.

기초 체온을 측정하는 방법은 이렇다. 우선 아침에 깨자마자 같은 시간에 몸의 온도를 잰다. 체온계는 머리맡에 미리 준비해 두면 좋다. 눈뜨고 나서 움직이기 전에, 바로 입안에 체온계를 물어야 한다. 귓속 온도를 재지 말고, 입에 물어서 소수점 첫째자리까지 잴 수 있는 기초 체온계를 쓴다. 측정한 온도는 매일매일 기록한다. 최소 4시간 이상은 자고 나야 수치가 정확하게 나온다.

열나고 아플 때나 심리적으로 불안하고 긴장할 때, 기초 체온은 변하기 마련이다. 그래서 이 기초 체온법 역시 자기 몸의 리듬을 살피고 알아보는 데는 도움이 되더라도, 단독 피임법으로 쓰기엔 불완전하다. 참고로 기초 체온이 17일 이상 계속 증가한다면 임신이 확실하다.

## 바티칸 룰렛을 도와주는 미션 2, 점액 관찰

촉촉하거나, 찐득하거나, 끈끈하거나, 크림 같거나, 건조하거나. 우리 몸에서 분비되는 것 중에 이렇게 다양한 질감으로 나타나는 점액이란 게 과연 있을까? 침, 눈물, 아니면 콧물? 촉촉한 침, 찐득한 눈물, 크림 같은 콧물이라…… 잘 모르겠다. 신통방통 기특하게도 신비로운 우리 몸은 배란이 시작되면 자궁경부에서 분비물을 내보낸다. 이 자궁경부의 분비물이 위와 같이 다양한 질감으로 나타난다.

분비된 점액은 산도가 높은 질 안에서 정자가 죽지 않게 보호해 주고 영양을 공급하며, 정자를 배란된 난자에게 안전하게 데려다 준다. 또 정자를 포획해 비정상적인 정자를 걸러 주기도 한다. 또 성기 결합을 안 하고 사정한 정자가 질 부근이나 음순 가까이 있을 때 자궁경부 점액을 만나면, 정자는 질 쪽으로 이동해 난자와 만날 수 있다. 자궁경부 점액의 농도가 적당히 알맞다면 배란되기 5일 전의 성관계로도 임신이 된다고 한다. 만약 이 점액이 없다면 배란이 된다 해도 정자가 살아남을 수 없어서 난자와 만나 수정되기 매우 어렵다.

점액을 관찰하는 방법은 생각보다 간단하다. 매일 아침저녁으로 소변 보기 전 관찰하면 되는데, 시행에 앞서 손톱을 짧게 깎고 손을 깨끗하게 씻자. 난 소중하니까. 깨끗한 손이 준비되면 손가락으로 질 입구를 만져 보고, 분비물 상태를 유심히 살핀다. 엄지와 검지로 점액의 질감을 느껴 보고, 냄새도 맡아 보자. 두 손가락을 붙였다 뗐다 하며 점성도 확인해 보자. 외국 책들은 이 점액을 맛볼 수도 있다고 소개한다. 점액에 따라서 신맛과 짠맛, 단맛이 난다. 고대에는 질 분비물의 맛에 따라 임신 가능 시기를 가늠하기도 했다.

생리 주기에 따른 점액의 변화는 다음과 같다.

- **생리중** : 점액 관찰이 어렵다. 주기가 짧은 여성의 경우는 생리 기간에 점액이 분비되기도 한다.

- **배란 전 건조기** : 생리가 끝나면 질이 건조해지는데, 이를 건조기라고 부른다. 사람에 따라 다르지만, 보통 2~3일 정도이다. 속옷에도 분비물이 묻지 않고, 음순도 건조하다. 생리 뒤에 질이 종일 건조한 상태라면 이때는 임신에서 안전한 시기라고 여긴다. 하지만 성관계를 매일 맺으면 제대로 된 점액 관찰이 어려우므로, 적어도 이틀에 하루 정도는 성관계를 맺지 말아야 관찰할 수 있다. 정액이 흘러나와 점액이 분비되는지 모르고 지나칠 수 있으니까.
- **분비기** : 건조한 상태를 보내고 나면 양이 적고, 혼탁하고, 늘어나지 않는 찐득한 점액이 나오기 시작한다. 끈끈해도 늘어나지 않던 점액은 차차 점성을 갖기 시작하며 크림처럼 부드러워진다. 엄지와 검지로 늘려 보면 조금씩 늘어나고 점점 분비되는 양도 많아진다. 배란기에 가까워질수록 점액의 색은 말갛고 투명하게 변한다. 두 손가락 사이에서 끊어지지 않고, 가는 실처럼 쭉쭉 늘어진다면 점액의 최고조 절정일이 된 거다. 이런 상태를 날달걀의 흰자 같다고 표현한다. 맑고 미끄럽고 투명해서 그렇다. 최고조를 찍고 나면 다시 늘어짐이 없고 덩어리지기만 한 점액이 조금 보이다 만다. 점액이 최고조로 달한 그날을 기점으로 4일째까지를 가임기로 여기면 된다. 점액이 최고조로 달한 이후 바로 건조해져도 이때는 가임기라는 걸 잊지 말자.
- **배란 후 건조기** : 날달걀 흰자 같은 점액의 최고조 절정기를 지나고 나면 점액은 급격히 건조해진다. 점액 절정기부터 4일이 지나면 다음 주기가 시작될 때까지는 임신에서 안전하다.

점액 관찰을 하다 보면 자연스레 자기 몸의 변화를 놓치지 않고 살필 수 있다. 점액을 통해 질 생태계가 건강한지, 별 이상은 없는지, 매일매일 살뜰하게 챙겨 주는 것은 피임의 효과는 둘째로 치더라도 자신을 존중해 주는 일이 된다. 그런데 생리 주기가 너무 길거나 짧은 사람, 질에 염증이 있거나 항상 질이 건조한 사람은 점액 관찰이 어렵다. 주기가 짧으면 초기 건조기가 없어 배란 후 건조기에만 안심할 수 있다. 또 주기가 길면 점액 분비 기간이 길어 정확한 배란일 예측이 어렵다. 정확한 배란일을 측정할 수 있을 때까지 관찰의 시간이 필요한 법이니, 연습 기간 없이 단독 피임법으로 이용하는 것은 금물이다. 점액인지, 성적으로 흥분해서 나오는 질 분비물인지 구분하는 것도 쉽지만은 않으니 주의할 것!

한마디 덧붙이면, 만약 좀 더 확실한 질 안(자궁경부 자체)의 점액을 확인하고 싶다면 둘째나 셋째 손가락처럼 길고 편한 손가락을 자궁경부까지 조심스레 넣어 점액을 손에 묻혀 본다. 이때 주의점은 항상 젖어 있는 자궁벽을 만지지 않도록 너무 깊이 넣어 채취하지 말라는 것. 질의 길이는 보통 8~10센티미터 정도다.

## 아마 선교사들이 좋아할 거야! : 살정제

간단하게 결과부터 얘기하자면, 네 명 중 한 명 꼴로 실패한다. 올리브오일과 꿀을 섞어 자궁경부에 발라 쓰라던 아리스토텔레스의 제안보다야 훨씬 간편하고 효과가 좋더라도, 살정제만 단독으로 피임에 사용하면 그렇다. 좌약 12개 들이 한 팩에 5천 원 정도면 그리 비싼 편은 아니지만, 좌약 하나에 1시간 정도까지만 권장을 한다. 그러므로 1시간 이상 긴 사랑을 나누는 커플에겐 콘돔이 싸다.

미성년자도 약국에서 살 수 있는 살정제는 좌약식으로 되어 있는데, 질 내에 사정된 정자를 죽이고 정자의 자궁 진입을 막는다. 성관계를 맺기 10분에서 1시간 전에 둘째와 셋째 손가락을 써서 질 깊숙이 삽입하면 된다. 누워서보다 앉아서 넣는 편이 더 깊이 잘 들어간다. 10분 정도 지나면 좌약이 질액과 섞이며 거품을 내는데, 이때 정자는 죽임을 당한다. 약이 안 녹으면 정자가 안 죽는다.

좌약을 삽입한 후에 1시간이 넘으면 다시 한 개를 질에 넣고, 성교를 반복할 때는 시간과 상관없이 약을 넣으면 된다. 수분에 의해

효능은 한 시간 정도!

녹는 게 아니라 따뜻한 체온에 의해 부드럽게 녹기 때문에, 여름에는 냉장 보관을 하는 게 좋다. 만약 날이 무더워 좌약이 녹았다면 찬물이나 냉장고에 넣어 굳힌 다음 쓰면 된다.

앉거나 일어서거나 하면 질 내에서 녹은 약이 흐를 수 있으니까 살정제를 쓸 땐 '선교사 체위'를 적극 장려한다. 좌약의 효율을 높이기 위해서라면 나 역시 아프리카 원주민들의 다양한 성 체위에 기겁한 선교사들처럼 말해야겠다.

"서로 얼굴을 마주보고 남성 상위 자세로만 성관계를 맺는 선교사 체위를 하시오. 에…… 또, 약효의 효과적 발휘를 위해선 관계 후 15분 정도 똑바로 누워 있고, 씻을 땐 질 주변은 깨끗이 씻더라도 질 내부는 6시간이 지나서 씻으시오. 아멘."

살정제의 주성분인 논옥시놀-9을 함유한 제품들은 질에 염증을 일으킬 수 있다. 살정제를 오래 쓰면 간지럽고 냄새 나는 질염이 생기기 쉬울 뿐 아니라 질에 난 상처를 악화시킬 수도 있으니 주의해서 사용하자.

## 그거 먹으면 정말 죽어? : 사후 피임약

열입곱 살 현진이는 참 예쁜 아이다. 물론 경구 피임약을 두고 한 알만 먹으면 되는 거 아니냐고 물어 오긴 했지만, 그만큼 호기심도 많고 공부도 열심히 잘하고 욕도 잘하고(앗, 이건 취소!) 게다가 상대방을 잘 배려해 주는 착한 심성까지 지녔다. 하지만 "아는 언니가 그러는데, 사후 피임약 먹으면 죽는대."라고 말하는 현진이한테는 나도 모르게 큰소리가 나오고 말았다.

"야! 야! 그게 말이 되냐? 사후 피임약 먹고 죽으면 그걸 왜 만들어 먹어? 그럼 그게 독약이지, 피임약이냐? 어이구! 죽는 게 아니라 몸에 그만큼 안 좋다는 거겠지."

타박을 하고 나서도 평정심이 돌아오지 않아 한 10초간 홀로 주문을 외웠다. 모르는 게 죄는 아니다, 아니다, 아니다. 배우면 된다, 된다, 된다, 중얼중얼.

반드시 의사의 처방전이 있어야 약국에서 살 수 있는 응급 피임약, 즉 사후 피임약은 2002년부터 국내에 시판되기 시작했다. 응급 피임약이 국내에 들어오기 전 민간에선 그들만의 요법(?)으로 응급 피임약을 조제해 복용하기도 했다. 약국에서 파는 일반 경구 피임약을 한꺼번에 많이 먹는 식으로 사후 피임의 효과를 노린 거다. 최근에는 성관계 후 3일 안에 먹으면 되는 응급 피임약 말고도 5일 안에 먹으면 효과가 있다는 약도 개발됐다지만, 2002년 전엔 그랬다.

현재 응급 피임약을 처방받으러 병원에 가면 의사가 성관계 후

경과된 시간, 생리 주기와 마지막 생리 시작한 날짜, 응급 피임약을 복용한 적 있는지 등을 묻는다. 만약 환자가 자세한 검진을 원하면 진찰대에 올라가 검진을 하고, 원하지 않으면 그냥 앞의 사항들만 물어보고, 처방을 해 준다. 검진을 안 할 경우 약을 처방받는 데 드는 시간은 매우 짧다. 빠르면 5분 안에도 끝날 수 있다. 몇 가지 물어보고 처방전 주는 게 다다. 비용은 병원 진료비로 1~2만 원, 약국에서 약값으로 1만 원쯤 든다.

어느 산부인과 의사 말에 따르면 간혹 남자들이 여자 친구에게 등 떠밀려 이 처방전을 받으러 홀로 병원에 오기도 한다고. 하지만 남자는 이 처방전을 못 받는다. 남자 이름으로 처방해 주면 그건 의료 사고가 된다. 그냥 같이 후딱 다녀와라. 산부인과 가는 게 낯설고 두려워서 갈까 말까 고민하다간 나중에 더 큰 책임을 물어야 할 테니까.

이 약이 효과가 좋긴 해도 결국 시간 싸움이다. 빨리 먹을수록 피임될 확률은 높고, 시간이 지날수록 확률은 현저히 떨어진다. 보통 성관계 후 24시간 안에 먹을 경우 피임 성공률이 95퍼센트, 48시간 이내 먹을 경우 85퍼센트, 72시간 이내 먹을 경우 58퍼센트다. 약에 따라 두 알을 한꺼번에 먹기도 하고, 한 알을 먼저 먹고 12시간 안에 한 알을 추가로 복용하기도 한다.

사후 피임약은 원치 않았거나 무방비로 성관계를 맺었을 때 임신을 막아 주는 필요한 약이긴 하지만, 여자들 몸에 매우 안 좋다는 인식이 깊다. 현진이에게 먹으면 죽는다고 귀띔해 준 언니의 사례를 보건대, 약을 둘러싸고 수많은 유언비어가 퍼져 있는 듯하다. 하긴 예전 민간요법으로 사용되던 사후 피임약 제조 방식을 봐도 평소 한 알씩 먹는 경구 피임약을 한꺼번에 먹는 형식이었으니, 호르몬 약을 갑자기 많이 먹어 좋을 것 없다는 생각이 바탕이 되지 않았을까 싶다.

사실 사후 피임약에 포함된 호르몬 양은 일반 경구 피임약 40~50알을 한꺼번에 먹는 것과 마찬가지다(황체호르몬 단일 피임약 기준). 호르몬은 체내에 축적되는 게 아니라 일정 시간이 지나면 몸 밖으로 배출되지만, 호르몬 농도가 매우 높아지면 호르몬 체계가

교란된다. 약을 복용하면 메스꺼움, 구토, 월경 전 증후군, 질 출혈, 설사 등이 있을 수 있다. 또 습관적으로 사용하면 몸에 내성이 생겨 피임 효과가 떨어진다. 외국에서도 사용된 역사가 짧아 그 해악이 정확히 파악된 건 아니니, 인생의 피치 못할 순간에 한 번 정도 복용하고, 절대 남용하지 말 것!

# 피임법에 대한 오해와 이해

콘돔부터 경구 피임약, 자연 주기법, 사후 피임약 등 여러 가지 피임법을 살펴보았다. 알려준 대로 안전한 방법을 쓰면 좋으련만, 근거 없는 민간 처방을 따르다가 낭패를 보는 수가 있다. 그래서 이번에는 피임법을 둘러싼 소문의 진상을 파헤쳐 보겠다.

## 각오해라! 외음부에 묻은 것도 흘러들어갈 수 있다

질외사정은 말 그대로 사정하기 직전에 질에서 음경을 빼 몸 밖에 사정하는 방법이다. 콘돔도 피임약도 없이, 오직 사정의 순간에 음경을 몸 밖으로 뺄 수 있는 굳건한 의지력으로 하는 피임법이라. 그럼 피임의 성패는 남자의 의지력이 되겠구먼, 하하하. 음경을 제

때 뺄 의지력만으로 피임이 된다면 정말 간편하긴 하겠다. 그 정도 굳건한 의지력이라면 때에 따라 금욕도 잘할 수 있을 테니까.

하지만 이 의지력에만 의존하는 피임법은 언제든지 임신할 각오를 하고 쓰는 게 좋을 거다. 협박이냐고? 아니다. 다른 피임 준비 없이 급작스럽게 분위기 타서 성관계를 맺을 때에 쓰기 일쑤인 이 질외사정은 사실 생각만큼 안전하지도, 효과적이지도 않아서 하는 말이다.

먼저 질외사정은 쿠퍼액의 저주(121쪽 참고)로부터 자유롭기 어렵다. 성병은 말해 무엇하고? 오르가슴에 도달 중인 남자의 음경은 남자의 의지력과는 무관하게 작동한다는 걸 잊지 말아야 한다. 밖에다 사정한다면서 음경 빼는 순간을 조금씩 늦추다 보면 자기도 모르게 소량의 정액이 새어나올 수 있다. "조금만, 조금만, 이제 쌀 것 같아." 하며 늦추다가 진짜 몸 안에다가도 싼다.

몸 밖에 사정했다고 해도 외음부에 묻은 정액이 질 안으로 흘러 들어 갈 수 있고, 여성의 점액이 많을 경우 질과 음순에서 곧바로 나팔관으로 이동할 수 있다. 짧은 시간에 여러 차례 관계를 할수록 더 많은 정자가 점액과 섞인다.

순진하고 용감한 남자들이 "괜찮아, 내가 조절할 수 있어. 밖에다 사정하면 돼."라고 하는 말을 물렁하게 믿으면 안 된다. 그 조절, 앞서 밝힌 바와 같이 실제론 매우 어렵다. 여자든 남자든 피임에서는 절대 순진하고 용감하지 말아야 한다.

그리고 이 방법을 장기적으로 쓰다 보면 남자들에게 너무 일찍 사정해 버리는 조루 현상이 나타날 수 있다. 미국 마스터스 앤 존슨 연구팀에 의하면 음경의 발기가 잘 안 되는 발기부전도 나타날 수 있단다. 해서 자라나는 청소년들에겐 극구 비추한다. 조절하기도 어렵고, 조절했다고 해서 안전하지도 않다. 그리고 조루나 발기부전의 영향권 안에 가까워져서 좋을 게 없잖아?

18세기부터 유럽과 남미에서 가장 인기 있는 피임법 중 하나였던 질외사정법. 질외사정에 관한 가장 오래된 문서는 아마 〈성서〉일 것이다. 이 기록은 적어도 2,500년 전에 쓰였다. 구약성서 창세기를 보면 유다의 둘째 아들 오난에 대한 이야기가 나온다. 고대 유대에는 특이한 풍속이 있었는데 형이 죽으면 동생이 형수와 결혼을 하고, 이때 낳은 첫 아들은 형의 이름을 이어받았다. 유다의 첫째 아들 엘이 죽자 오난은 풍속에 따라 형수와 결혼했다.

> 유다가 오난에게 이르되, "너는 형수와 결혼해서, 시동생으로서의 책임을 다해라. 너는 네 형의 이름을 이을 아들을 낳아야 한다." 그러나 오난은 아들을 낳아도 그가 자기 아들이 안 되는 것을 알고 있었으므로, 형수와 동침할 때마다, 형의 이름을 이을 아들을 낳지 않으려고, 정액을 땅바닥에 쏟아 버리곤 하였다.
>
> ─ 창세기 38장

오난은 형수(와 형)의 아이와 재산을 나눠야 하는 게 맘에 안 들었던 걸까, 아니면 순수하게 형수와 결혼하는 풍속과 규율이 싫었던 걸까. 이유야 잘 모르겠지만 저런 방식으로 피임을 했던 게다. 그리고 가장 오래된 질외사정법의 주인공이 되어, 피임하다 순교한 사람으로 성경에 남게 되었다.

그가 이렇게 한 것이 주께서 보시기에 악하였다. 그래서 주께서는 오난도 죽게 하셨다.

— 창세기 38장

## 누가 그래, 생리 중엔 안전하다고?

성지식이 빈곤한 사람들이 가장 많이 하는 오해 중 하나가 생리 중에 성관계를 맺으면 안전하다는 설이다. 이미 배란도 됐겠다, 생리를 하는 거 보면 아직 다음 배란까진 여유도 있으니 정말 안전한 거 아니냐고. 아, 그게 이론적으론 그렇긴 한데, 또 꼭 그렇지만은 않다. 무슨 말이냐 하면, 생리 중에는 확률이 떨어질 순 있어도 임신이 안 되는 게 아니란 소리다.

딱 한 번의 성관계로도 임신할 수 있는 것처럼, 드문 예지만 생리 주기에도 돌발 배란이 일어나는 경우가 있다. 앞서 말했듯 여성의 배란은 스트레스나 신체 환경 변화에 영향을 받는다. 생리 주기가 규칙적인 사람도 배란 주기는 불규칙할 수가 있다. 여성의 난자는 배란 뒤 12~24시간까지만 생식력이 있지만, 정자의 경우는 자궁경부 점액만 있다면 여성의 몸에서 3~5일 동안도 살아 있을 수 있다. 생리 주기가 짧고 생리 기간이 긴 여성의 경우 생리가 끝날 무렵 성관계를 하면, 최대 5일까지 살아 있을 수 있는 정자와 수정될 수도 있다.

임신의 위험도 위험이지만, 생리 기간엔 면역력이 떨어지기 때문에 성관계를 맺는 건 좋지 않다. 평소 질 안을 산성 상태로 유지해 외부균의 침입을 막던 자궁 생태계도 생리 중에는 중성이 되어 무방비 상태가 된다. 작은 자극에도 쉽게 손상받고 염증을 일으킬 수 있다. 깨끗하게 씻지 않은 남성의 음경이나 균이 묻은 정액에는 그대로 당할 수밖에. 생리 기간엔 자궁경부가 열리기 때문에 질 안에 침입한 유해균이 골반 안으로 침입하기 쉬워진다. 골반염이나 방광염 걸릴 위험 높아진다.

임신의 공포로부터 완벽하게 안전한 것도 아니고, 오히려 질 건강에 위협이 되니 이 시기엔 하지 말자. 편안한 휴식과 안정이 필요한 시기다. 생리 중 성관계를 제안하는 상대가 있다면, 앞에서 설명한 이야기를 들려주자. 그런데도 만약 조르는 인간이 있다면 그대의 건강보다 자신의 욕구가 중요하다 우기는 거다. 상대의 진심을 간파해야 한다. 앞서도 재차 강조했다만, 난 소중하니까!

만약 서로 동의하에 생리 중 성관계를 한다면 꼭 콘돔을 끼고 하자. 외부균으로부터 조금이라도 지키기 위해서 말이다. 또 격한 행위는 꼭 자제하길!

## 하고 바로 씻으면 안 되나?

질 세척, 성관계를 맺은 뒤 바로 질에 사정된 정액을 물로 씻어 내는 방법. 이거 안 된다, 안 돼! 어쩌다 운 좋으면 물에 정자가 많이 씻겨 나올 수도 있겠지만 100퍼센트 씻을 수는 없다. 사정된 정자는 빠르게 움직여 자궁 속으로 들어간다. 씻으러 가는 사이 정자는 이미 자궁에 도달해 있을 수 있다. 물을 뿌리며 압력을 주어 질 세척을 할 경우 오히려 정자를 자궁 속으로 밀어 넣으므로 역효과 난다. 이 방법 피하자.

피임의 목적이 아니더라도 과한 질 세척은 좋지 않은 일이다. 평소 질의 생태계는 산성으로 젖산균이 널리 퍼져 있는데, 이 균을 씻어 내면 나쁜 균들이 자리를 잡아 염증을 유발한다. 비누나 세정제를 쓰기보다 그냥 흐르는 물에 씻는 게 좋은 방법이다. 그리고

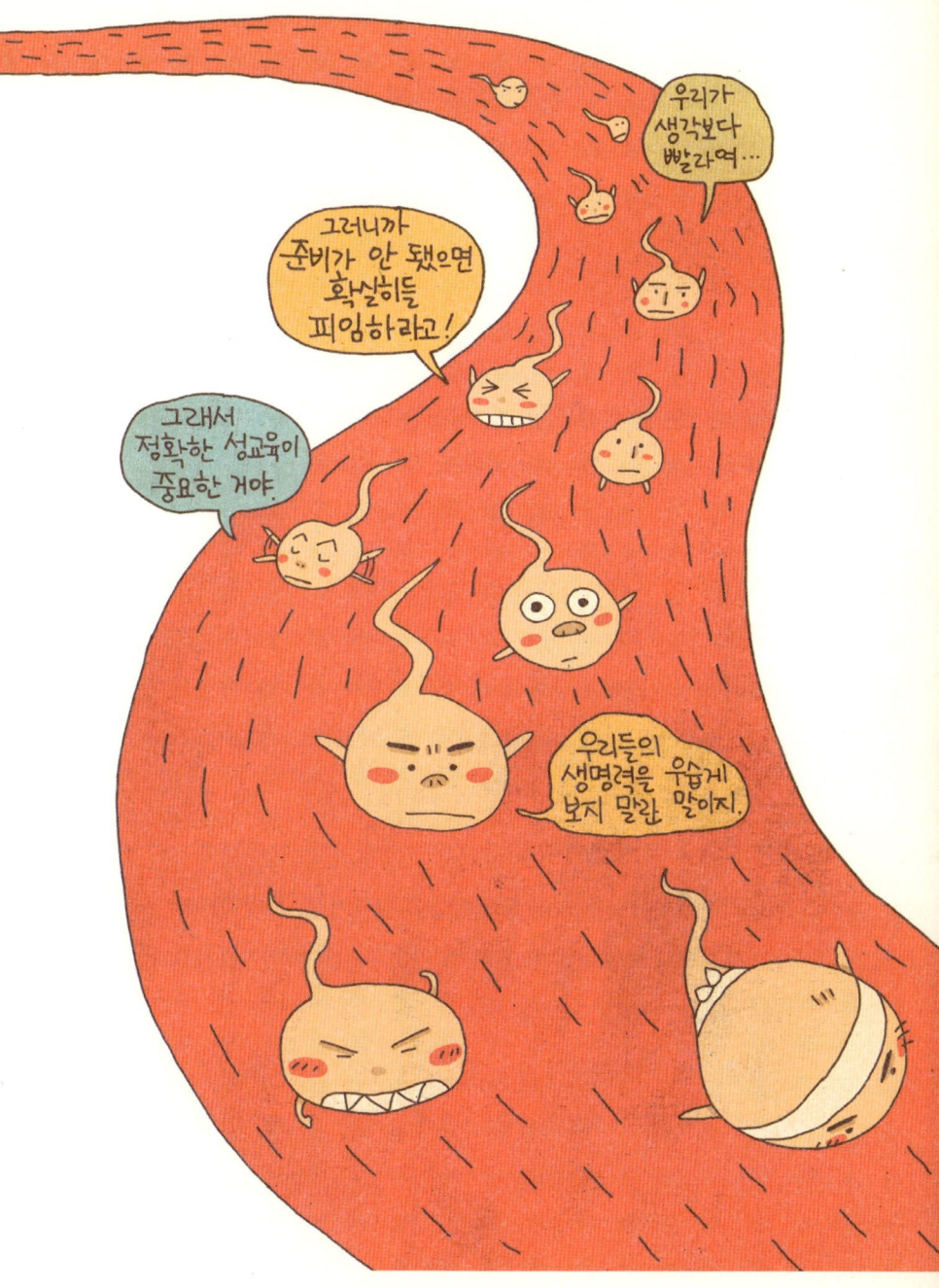

피임법에 대한 오해와 이해

열심히 씻는 걸로는 성병 예방 같은 건 안 된다. 이미 침범한 세균은 물로 안 씻긴다.

## 오르가슴을 피하면 된다?

오르가슴 없이는 임신도 없다는 낭설은 도대체 어디서 오는지 모르겠다.

오르가슴은 성행위 절정기의 쾌감인데, 여성의 경우 보통 음핵에서 촉발돼서, 질의 바깥쪽 3분의 1 부분에서 일차적으로 수축이 일어난다. 질 안에 사정된 정자는 여성이 절정의 쾌감을 느끼면 더 빨리 자궁경관에 도달한다. 하지만 이 오르가슴이 없어도 정자는 질에서 난관이라는 목적지까지 약 한 시간이면 도착한다. 그러므로 오르가슴을 느껴야 임신이 된다는 말은 틀린 말이다. 이는 마치 불길한 곳을 지날 때 숨을 참으면 불행을 막을 수 있다고 믿는 유치함과 비슷하다. 임신과 오르가슴은 상관이 없다. 남자는 발기하고 사정해야 생식을 하지만, 여자는 성적 흥분 없이도 임신할 수 있다.

참고로 여성들은 성적 자극이 충만한 상상만으로도 오르가슴에 도달할 수 있다. 오르가슴을 느끼면 옥시토신 호르몬이 분비되는데, 이는 경계심을 풀고 믿음을 강화하는 데 도움이 되는 호르몬이라 자폐증 치료에도 쓰인다. 느껴서 나쁠 것 하나 없으니, 느낄 수 있을 때 느껴 두자. 절대 피할 필요 따윈 없다.

## 혹시 정액을 삼키면 병에 걸려?

피임이라 하기는 무엇하지만 임신을 피할 수 있는 방법 중 하나가 구강 성교다. 이때 정액을 눈앞에서 맞닥뜨리기 쉽다. 정액은 비릿한 밤꽃 향이 나서 문학에서는 '밤꽃 냄새'라고 은유적으로 표현하기도 한다. 알칼리성인 정액의 구성 성분은 수분이 80~90퍼센트이고, 8~10퍼센트가 유기물질, 2~6퍼센트가 단백질, 0.2퍼센트가 지방이다.

   심히 비위 상하는 문제만 떼고 본다면 건강한 남성의 정액은 먹어도 안전하다. 하지만 정액을 삼키기까지의 과정인 구강 성교로 성병에 감염될 수 있다. 입안에 상처가 있거나 치은염이 있을 때는 더더욱 주의해야 한다. 구강 성교만으로는 성병에 걸리지 않는다는 건 루머다. 콘돔 없으면, 그리고 구강 성교만으로도 성병에 감염될 수 있다는 거 잊지 말자.

> **Zoom**
>
> 인터코스에 집착하지 마! 촌스럽잖아

연두는 올해 스무 살이 되었다. 니체에게 홀딱 반해서는 말끝마다 "니체가 그랬다니까. 역시 니체야."를 입에 달고 산다. 대학에 가서 스펙 쌓기에 몰두하는 대신 인문학 수업을 들을 수 있는 '수유너머'나, '공동 주거 프로젝트 빈집' 같은 데서 자기만의 배움을 키우고 있다. 십대 소녀들과 가끔씩 모여 연애, 성, 관계 맺기 등을 주제로 수다를 떠는 모임에서 연두는 나 다음으로 가장 연장자다. 그런 연두가 모임에서 풀어 놓은 어린 시절 에피소드 한 토막.

**열다섯 살의 연두, "엄마, 아빠가 섹스를?"**

어릴 때 내가 좀 순진했거든. 같이 어울리는 내 친구들도 그렇고. 내가 얼마나 순진했냐, 아니 무지했냐면 중학교 2학년 때 엄마 아빠가 섹스를 해서 우리를 낳았다는 걸 처음 안 거야. 알게 됐다기보다 인식했다는 게 맞으려나. 왜 기술가정 시간에 정자, 난자의 수정에 대해 배우니까 대충 알고는 있어도 그게 섹스랑은 매치가 잘 안 되잖아. 근데 친구들이랑 얘기 중에 한 애가 그러는 거야.

"우리네 엄마 아빠도 섹스해서 우리 낳은 거 아냐? 맞지?"

그때 난 처음으로 수면에 올라온 탄생의 비밀과 맞닥뜨린 거지. 그 얘기에 충격을 받아서는 한참을 멍 때리고 있었다니까. 섹스는 괜히 나쁘고, 부정적인 느낌으로 다가왔던 때라 결코 인정하고 싶지가 않더라고. 내가 야설을 많이 읽긴 했어도 엄마 아빠가 섹스를 한다는 건 낯설잖아.

그 충격적인 깨달음이 있고 일주일쯤 지났나. 곰곰이 생각해 보니 사람으로 태어난 이상 예수가 아니면 처녀 몸에서 태어날 수 없는 게 당연한 거잖아. 어쩔 수 없는 거구나, 그렇게 인정을 했지. 한결 마음이 편해지더라고. 부모님도 좀 이해할 수 있을 것 같고.

근데 내가 이해를 하는 건 그렇다 쳐도 친구들한테는 계속 창피하고 속상한 거야. 우리 집은 오빠, 나, 동생 둘 해서 형제가 넷이나 되잖아. 애를 넷이나 낳을 정도로 부모님이 섹스를 많이 했다는 게 친구들 보기에 너무 창피하고 부끄러웠어. 그땐 한 번 섹스하면 애를 한 명씩 낳는 줄 알았거든. 친구들은 외동딸이거나 고작 해야 자매나 남매로 둘뿐인데. 친구들도 우리 부모님을 이상하게 볼 거 같고. 그게 어찌나 용서가 안 되던지.

### 스무 살의 연두, "아프면 어떡해?"

어릴 때는 왜 그렇게 '섹스'라는 말을 부정적으로 생각하고, 민감하게 반응했나 몰라. 섹스라는 말이 타고난 성, 생물학적 의미의 성별도 이야기하는 건데, 오직 '성교'로만 들렸다니까. 또 성에는 타고난 성 말고, 사회적 의미의 성인 '젠더', 이를 모두 포함하는 '섹슈얼리티'의 개념도 있는 거잖아.

그래서 말인데, 내 섹슈얼리티에 대해 생각하다 보니 요즘 정말 고민되는 게 하나 있거든. 난 이성애자여서 남자랑 성관계를 맺을 때 언젠가는 성기 결합(인터코스, intercourse)을 할 거 아냐. 야동 보면 다들 잘만 하지만, 실제로 처음 섹스를 할 때는 엄청 아프다고 주위에서 그러거든. 성기 결합 전에 손가락으로 먼저 부드럽게 질 안을 이완시켜 주면 낫다지만, 그런 걸 잘 모르는 남자면 내가 말을 해 줘야 하나? 난 이론적으론 빠삭해도 솔직히 남자의 페니스가 어떻게 여자의 질에 들어갈지 상상도 안 된다고. 질이 아무리 신축성 있는 근육이어도 그래. 서로 사이즈가 다르잖아. 그러니까 처음에 엄청 아플 게 틀림없어. 그치?

암튼 그래서 처음 성기 결합 섹스를 할 때 아프면 어떻게 해야 하나가 내 요즘 고민이야. 원래 아픈 거라니까 그냥 참아야 돼? 아니면 아프니까 그냥 넣고서 움직이지 말고 있어야 되나? 남자애

입장에서 보면 막 흥분해 있는데, 왠지 내가 그만두면 미안해질 것 같기도 하고. 만약에 너무 아파서 중간에 그만둔다면 난 뭘 해야 할지도 난감할 거 같아. 내 손으로 사정하게 해 줘야 해? 아니면 그 애더러 혼자 자위하라고 해야 돼? 둘 다 맘에 안 드는데…….

**먼저 놀아 본 언니가**

하하하. 웃어서 미안~. 그런데 정말 고민할 만한 주제라고 생각해. 성기 결합이 그냥 단순하게 행위만의 문제가 아니라, 연두 말처럼 섹슈얼리티, 관계를 맺는 방식에 대한 고민도 포함된 거니까.

우선 처음 겪는 성기 결합에 대한 고통을 이야기하자면, 그건 나도 인정! 삽입식 생리대인 탐폰을 써 본 사람은 알 거야. 처음에 그 손가락만한 생리대를 질 안에 밀어 넣기가 얼마나 힘든지. 질 안 제 위치에 잘 들어가지도 않고, 번번이 실패하잖아. 또 실패할 때마다 오죽 아파? 질 입구가 쓰리고, 눈물도 찔끔 나고. 내 주변엔 처음 탐폰 쓰려고 시도하다 한 통을 모두 버린 애도 있다니까. 제대로 된 사용법을 몸이 익히지 못하면, 촉촉하고 미끌미끌한 생리혈로 질 내부와 외부가 젖어 있다 해도 조그만 탐폰 가지고도 몇십 분을 끙끙대.

하물며 내 손가락보다도 더 큰 발기된 남자의 음경은 당연히 잘 들어갈 리 없잖아. 아무리 흥분을 하고, 몸에서 분비물이 나온다고 해도 어려워. 상대가 이런 점들을 모르면 알 수 있게 이야기해 주는 게 좋아. 아픈데 왜 참고만 있어. 관계를 맺는 방식엔 정답 같은 거 없어. 연두 말대로 성기 결합을 하기 이전에 좀 더 작은 손가락부터 질과 결합하게 하는 것도 좋겠다. 손가락 한 개, 손가락 두 개, 이렇게 차츰 늘려도 되고. 성기 결합이라는 섹스도 함께 즐겁자고 하는 거니까 서로 리듬을 파악해 나가고 각자의 호흡을 존중해 줘~.

또 하나, 만약에 성기 결합을 하다 아파서 그만두면 흥분해 있

는 상대의 흥을 자기가 깨는 거 같아서 미안할 것 같다 했지? 그럼 뭘 해야 하냐고도 묻고. 와아~. 그렇게 상대를 생각해 줄 수 있는 건 정말 대단한 배려인 거 같아. 고통을 감수하면서까지 상대 쾌락에 봉사하고 싶다면 그렇게 해도 되지만, 그럴 필요는 없어. 내가 당장 아픈데 어떻게 상대의 쾌락을 도와줘? 아픈 것부터 먼저 관심을 둬야지. 쾌락보다 아픔이야말로 배려받아 마땅한 영역 아니야? 내가 막 아파하는데, 상대 남자가 자기 욕구 채우겠다고 달려들면 엄청 짜증 날 거 같은데. 섹스가 상대의 욕구를 채워 주는 일은 아니잖아, 안 그래?

아마 현명한 남자라면 상대가 아파하면 먼저 관심을 보이지 않을까? 그리고 나서 성기 결합 말고도 서로가 즐겁게 할 수 있는 걸 찾음 되잖아. 친밀하게 이야기를 할 수도 있고, 서로의 몸을 쓰다듬어 주면서 예뻐해 줄 수도 있고. 성기 결합만이 섹스는 아니니까. 그러면 한결 마음이 편한 첫 성기 결합이 되지 않겠어? 성관계를 무슨 공식처럼 전희 → 삽입 → 사정으로 생각할 필요는 없다고. 좀 더 창의적인 관계의 방정식을 만들면서 소통 해 봐. 즐겁게!

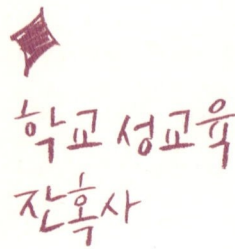

# 학교 성교육 잔혹사

고등학교 2학년 남자인데요, 중학교 때도 그랬지만, 성교육 내용에 대해 불만이 많습니다.

남녀공학인데요, 성교육 선생님께서 여자들 다 있는 데에서 남자들은 다 늑대라면서, 자위 안 하는 남자 없다고 그런 식으로 말씀하시네요. 이쁜 여자 지나가면 강간하는 상상 하는 게 남자라면서…….

웃기는 건 선생님이 여자라는 건데요, 또 말씀하시길, 여성도 성욕이란 게 있지만 강해 봤자 키스 정도만 하고 싶을 뿐이라고 하네요. 게다가 여성은 5퍼센트 미만만 자위를 한다고 가르칩니다. 솔직히 말이 안 되는 거 같거든요. 5퍼센트 미만이라니……. 지금이 무슨 조선시대도 아니고. 여자도 사람인데 성욕이 있고, 남자보단 횟수가 적어도 자위를 하는 게 당연한 거 아닙니까?

이런 식으로 남자를 성욕에 찌든 변태라는 듯 가르치는 게 어이없네요. 이게 무슨 성교육인지……. 그냥 남자 조심해라, 남자는 이런 동물이다, 이딴 식으로 가르칩니다.
중학교 때나 초등학교 때나 이딴 식으로 성교육을 받아 왔는데, 국가에서 정해진 교육 내용인가요?

— '네이버 지식인'에서

참, 해도 해도 너무한다. 한창 자라나는 아름다운 소년들에게 이런 수업으로 마음에 상처를 주다니. 이 성교육의 핵심 내용을 요약해 보자면 이러하다.

$a=B, a=C \therefore a=B \cup C$

$A \neq B, A \neq C \therefore A$는 $a$를 취급주의 할 것

(a=남자, A=여자, B:자위 게이지 충만, C:성욕에 찌든 변태)

이런 게 국가에서 정해 준 교육 내용인지를 물어오는 고2 소년의 쓸쓸한 외침은 개그콘서트의 남보원(남성인권보장위원회)마저도 울게 만들어 버릴 것 같다.

"괜히 성교육 받았어. 괜히 성교육 받았어. 남자는 다~변태래. 나 어떡해~ 나 어떡해!"

뚝! 뚝!~ 뾰로롱~

학교 성교육 잔혹사

"양성 평등!"

개콘 멘트를 빌리자면 "이 땅의 떨어져 가는" 남성의 인권을 보호하기 위해 고군분투하는 남보원이여, 한시 바삐 이 사연 접수하시길. 요즘이 하수상한 시절이긴 해도 몇몇 학교 현장에서는 콘돔을 직접 만져 보고 쓰는 법까지 배우는 현실적인 성교육을 하기도 한다던데…….

남보원 버전으로 나도 한마디 해야겠다.

"괜히 믿었어. 괜히 믿었어. 학교 성교육 엄청 바뀐 줄 알았어. 근데 아니래. 나 어떡해~ 나 어떡해!"

소년 이야기 듣고 보니, 1990년대에 학교에서 처음 받았던 성교육이 떠오른다. 그래서 한 번 톺아 보기로 했다. 학교 성교육 그 잔혹사에 대해.

## "남자애들한테 말하면 안 돼!"

때는 1990년대 초, 초등학교 아니 국민학교 6학년 때의 일이다. 유관순 열사를 유관순 누나로 가르치던 시절, 교과서 그림에서 진취적 주인공은 늘 남자였다. 심지어 출석번호마저도 앞자리는 남자애들 차지였다. 그 시절 어느 날의 일이다. 수업 종이 울리자마자 담임이 말했다.

"남학생들은 자습 하고, 여학생들만 복도로 나와 줄 서."

아무런 설명을 듣지 못한 채 줄지어 간 곳의 종착지는 다름 아닌 강당. 아니, 언제부터 강당으로 들어가는 문이 이렇게 비밀스러워졌지? 근데 웬걸, 강당엔 각 반에서 모여든 여자애들이 우글거렸다. 대체 뭘 하려고 남자애들을 따돌리고 강당에 모인 걸까. 알고 보니 그건 성교육 시간이었다. 정자와 난자가 어떻게 만나네 하는 성교육을 받기 위해 우린 첩보영화의 엑스트라들이 되었다. 그리고 수업이 끝나기 무섭게 선생님은 우리에게 임무 하나를 더 일러 줬다.

"오늘 강당에서 배운 거, 밖에 나가서 남자애들한테 말하면 안 된다."

이 임무는 "뭘 좀 더 배웠다고 잘난 척하면 못 쓴다. 겸손해라."를 뜻하는 건 결코 아니었다. 몰래 불려 와 배운 성이니 쉬쉬하라는 뜻이었다. 이런 방식의 성교육은 '성'이란 감춰야 하는 것이라는 생각을 무의식 속에 내면화시켰다. 그래서 성장은 축복과 환대가 아닌, 부끄러움과 놀림의 대상이 될 뿐이었다. 그건 소녀들의 성장, 즉 생리마저도 부끄럽고 꼭꼭 숨겨야 하는 일로 취급해 버렸으니까.

## 성교육은 캔디에게 물어봐

"거울아, 거울아, 이 세상에서 누가 제일 예쁘니?"

"네, 왕비님…… 이 아니고요, 백설 공주님요."

이런 마법의 거울이 있을까? 진실만을 말해 주는 거울. 그런 게 있다고 믿었다. 그래서 여자아이들은 조금 겁을 먹었다.

"성경험 있는 여자애들이 먹으면 캔디의 색깔이 변한대!"

"아니, 사실은 순결을 안 지킨 사람이 먹으면 몸에 반점이 돋는다더라."

"사탕 속에 정액이 들어 있다더라."

불과 4~5년 전까지만 해도 아이들 사이에 나돌았던 순결캔디 괴담이다. 괴담을 곧이듣는 아이들은 거의 없었지만, 이런 흉흉하고 어이없는 괴담이 널리 퍼진 건 당대의 성교육 수준이 어느 정도인지 가늠하게 해 준다.

순결캔디는 '청소년순결운동본부'라는 곳에서 성교육을 하면서 유행시킨 것이다. 1990년대에 학교를 다닌 여성 가운데 자신이 다닌 중고등학교가 이 단체에 성교육을 의뢰했다면 순결캔디를 먹어 봤을 수도 있다. 지금은 혼전 순결 서약서를 쓰고 순결캔디를 먹는 성교육이 사라졌지만, 그때 간혹 캔디를 먹지 않겠다고 거부하는 애들은 "그럼 아무하고나 자고 돌아다닐 거냐?"라는 황

학교 성교육 잔혹사

당한 소리를 듣기도 했다. 캔디 봉지 뒷면을 보면 이런 설명문이 적혀 있다.

"이 캔디는 우리 사회에 깊이 확산되어 가고 있는 각종 퇴폐 요소와 유해 환경으로부터 청소년을 보호하고 순결한 학생상을 정립하여 미래의 이상 가정 및 사회와 국가를 이루기 위해 만든 순결 다짐용 캔디입니다."

그런데 여학생들의 순결을 다짐하는 순결캔디는 있어도, 남학생들의 순결을 다짐하는 동정캔디는 없었다. 이런 우라질네이션 같으니.

## 선생님을 위한 변명

사탕을 거부하는 학생에게 "그럼 아무하고나 자고 돌아다닐 거냐?"라고 말하던 교사. 그 교사 역시 학생들에게 캔디 하나 달랑 먹이는 것으로 성교육에 대한 고민에 종지부를 찍었을 리는 없다. 하지만 정말이지 이런 성교육이라면 너무 날로 먹으려 드는 거 아닌가. 이해를 돕고자 '이런 성교육'이 탄생한 역사적 맥락을 한번 살펴보겠다.

한국에서 성교육이 처음 시행된 건 1968년이다. 무더위가 시작되려는 여름, 문교부(지금의 교육과학기술부)는 깜짝 발표를 한다. 올 하반기부터 여학생들에게 성교육을 실시하고 차차 남학생에게도 성교육을 하겠다고. 재밌게도 당시 발표를 보면 하나같이 성교육을 순결교육이라고 했다. "성교육이라고 쓰고 순결교육이라고 읽는다."는 농담이 아니라, 실제로 당시 순결교육이라는 말은 성교육과 동의어였다.

헌데 이때의 순결교육은 완전히 실패로 끝나 흐지부지 자취를 감췄다. 그 까닭은 일선 학교에서 아예 성교육을 하지 않았기 때문이다. 생물 시간에 여자 남자의 신체 구조를 가르칠 때도 서로 어색해하던 시절이니까. 1968년 〈동아일보〉 기사는 "아주 어색한 분위기 아니면 서로 긴장된 분위기에서"라는 표현을 썼는데, 생물

교과서에서 신체 구조를 배울 때조차 긴장을 하던 시대에 뭘 바라겠는가.

학교 성교육이 본격적으로 시작된 건 1975년이 되어서다. 그해 10월, 서울여고에서 국내 첫 성교육이 이뤄졌다. 당시 성교육 교사의 조건에는 '담임선생으로 존경받는 인물일 것, 반드시 기혼자일 것'이라는 전제가 붙어 있었다. 아무리 아이들의 존경을 받는다 해도 미혼이면 성교육을 할 수 없었다. 국내 첫 성교육을 한 교사는 수업 후 이런 말을 남겼다고 한다.

"성교육은 섹스교육이 아닙니다. 순결교육이지요."

그는 딸을 대하는 심정으로 성교육의 목표를 순결교육에 두게 된다고 했다. 이 시대 교사들은 성교육 잔혹사의 가해자 겸 피해자인 셈이다. 30대, 40대, 50대, 60대 선생님들의 청소년기를 상상해 보라. 1968년 문교부에서 첫 성교육 지침을 내리던 때, 지금 예순 살의 선생님은 열여덟 살이었다. 생물 시간에 인체 그림을 놓고 도 서로 어색해하던 열여덟 살 당사자다. 그리고 쉰 살의 선생님이 열다섯 살에 받았을 성교육은 "절대 섹스교육이 아닌 순결교육입니다."였다. 그리고 마흔 살과 서른 살이 받았던 성교육은 남자애들 몰래 불려가 "여기서 보고 들은 건 다 비밀이다."라는 임무까지 부여받았던 그것이었다. 그러니 늙으면 아무리 깨어 있는 지성이고 싶어도 잘 안 되는 법이다.

## 성교육은 긍정의 언어로

"엄마, 나는 어떻게 태어났어?"
"응, 황새가 물어다 줬어."

이렇게 임기응변으로 아이의 호기심을 순탄히 넘겼다고 믿는 어른들은 십 년 뒤에는 이런 믿음을 고수하고 싶어한다.

"우리 앤 너무 순진해서 야동 같은 건 안 봐."
"연애를 해도 성관계까진 절대 안 갈 거야."

2008년에 미국 대선에서 공화당 부통령 후보로 나왔던 새라 페일린 역시 그랬다. 십대 임신 예방을 위한 교육 프로그램에 정부 예산을 지원하는 데 반대했고, 학교에서 콘돔을 배포하는 것과 적나라한 성교육을 하는 걸 반대했다. 대신 자신의 고교생 딸이 임신했다는 사실을 알았을 때, 그 사실을 감추기 위해 몰래 자기 아이로 입양하려고 시도했다. 결국 밝혀져서 지금은 딸의 아이로 잘 키우고 있지만.

미국에서 보수 성향의 부시 대통령이 재임하던 시절 펼쳤던 '금욕주의 성교육'은 실패했다. 혼전순결만을 강조한 결과 1991년부터 감소하던 재학 중 15세 이상 소녀의 임신율은 대폭 늘었다. 같은 연령대 소녀들의 매독과 임질 발병, 미성년 남자의 에이즈 발병도 50~100퍼센트 증가했다. 한 연구에 따르면 금욕적 성교육을 받은 학생이 성경험을 할 확률은 그러지 않은 학생과 별 차이가 없다고 한다.

십대들에게 필요한 것은 금욕주의보다 정확한 의학 정보다. 잔인한 낙태 영상이나 주구장창 보여 주는 겁주기식 성교육은, 점점 강도 높은 성행위를 묘사하는 포르노 방식과 별반 다르지 않다. 또 두 가지 영상의 가장 큰 피해자는 여성들이라는 걸 잊지 말자. 여성들은 겁주기식 성교육에서 불안을 내재화하고, 야동만 보고 관계를 어떻게 풀어야 하는지 모르는 남자애들을 교육시켜야 하는 몫까지 떠안아야 한다.

부모 세대 역시 성을 제대로 배운 적이 없기에 아이들과 어떻게 이야기의 물꼬를 열어야 할지 난감해한다. 학교에서 받겠지 하고 믿고 있지만, 학교 수준은 앞서 이야기한 것처럼 매우 후지다.

"우리 애는 아니던데. 학교에서 제대로 배워 오더만. 그리고 집에서 성교육 책도 많이 사 줘서 괜찮아요."

이렇게 생각하는 부모님이 계시다면, 한 가지만 더 말씀드리고 싶다. 아이들이 성을 접수할 때 그건 '정보'이기도 하지만, 그 정보를 어떤 뉘앙스로 전하는지가 더 중요하다는 건 다들 아실 것 같다. 아이들은 주변의 어른이 그 주제를 어떻게 다루고 있는지, 그 언어가 부정인지 긍정인지를 금방 눈치 챈다. 여담이지만, 최근 서울의 A남고 19세 68명을 대상으로 한 설문조사에서 야동을 처음

접한 나이를 물어봤더니 최하 6세, 최고 19세였으며, 평균 10세 전후였다. 야동을 처음 접하게 된 계기를 물으니 대부분 인터넷과 형들의 친절한 전도였다. 동네 형이나 친척 형, 친형, 아는 형이 아무것도 모르는 자기를 데려다 보여 주기에 보게 됐다는 답이 많았다.

소녀와 소년이 성에 대해 부정적인 인상을 가지고 있을 때 진정한 성교육은 어려워진다. 그래서 결론은, 성에 대한 나쁜 정보와 접하기 전에, 성에 대한 긍정의 느낌을 아이에게 자연스레 전하

시라는 당부다. 추천하는 방법으로 엄마와 아빠가 섹스를 해서 네가 태어났다고 아이 앞에서 커밍아웃을 하는 거다. 이 커밍아웃을 하기 위해선 당신들의 섹스를 무척 뻔뻔해 보일 정도로 정색을 하고 자랑스러워하시길. 주춤주춤 어색해하며 이야기를 풀 거면 안 하느니만 못하니까. 아이는 엄마 아빠의 섹스로 자신이 태어났다는 걸 어색해할 것이다. 하지만 어색해할 아이를 압도할 정도로 당연하게 긍정하며 이야기를 하면, 아이 역시 그 긍정의 언어를 느낄 수 있다. "성은 멋지고 아름답고 긍정적인 것"이라는 구호만 외치거나, "인생 막 살 거냐. 나 벌써 할머니 되기 싫다."는 잔소리만 하지 말고, 연령에 맞는 필요한 지식들을 전해 주면 좋겠다.

누누이 말하지만, 노골적이고 현실적인 성교육이 필요하다. 학교에서도 만날 재미없는 성교육 비디오만 보여 주지 말고, '성교육 비디오'를 공개 입찰해 교육받을 아이들에게 투표권을 선사해 봐라. 성교육 비디오 제작 경쟁 자율화 한번 해 보자. 아니면 영화 〈내겐 너무 아찔한 그녀〉에서처럼 졸업을 앞둔 선배들이 자신이 받고 싶었던 성교육 내용을 영상으로 자체 제작해서 후배들에게 교육하는 방법도 좋겠다. 모르긴 몰라도 아이들은 그 과정에서 교과부가 그토록 원하던 창의적 자기주도 학습을 몸소 구현해 보일 것이다.

통계에 따르면 부모가 정확한 성지식을 알려줄 때 자녀가 성행위에 노출되는 경우가 더 적다고 한다. 자신의 몸에 대한 자기결정권을 알고 서로를 존중하며 정확한 피임법을 숙지할 때 긍정의 성을 경험할 확률이 높아진다. 성적 자극을 끊임없이 제공하면서도 제대로 된 성교육은 없는 이 잔혹사가 이제 그만 막을 내렸으면 좋겠다.

> **Zoom**
>
> # 자위 ≒ 자기 위하기

오늘은 로즈마리, 아님 화이트 머스크? 냄새 좋은 비누로 뽀얀 거품을 만들어 샤워를 마친다. 수건으로 젖은 몸을 닦아 내며 세심히 살펴야 하는 것은 손톱! 손톱 길이가 너무 길진 않은지, 혹여 손톱 끝이 깨진 데는 없는지 유심히 살펴보자. 가지런하고 단정한 손톱은 안전한 즐거움을 선사할 테니까.

자, 이제 누구에게도 간섭이나 방해받지 않을 곳, 깊은 밤 독야청청을 펼칠 수 있는 그곳, 아늑하고 따뜻한 나만의 공간, 이불로 쏙 들어간다. 편히 몸을 눕힐까, 아님 벽에 기대앉을까? 아무래도 좋다. 은은한 달빛에 맞춰 부드럽고 감미로운 음악을 나지막이 틀어도 좋고, 취향에 따라 신나는 음악을 틀어도 좋다.

만반의 준비가 끝났으니, 이제는 몸을 이완시키자. 천천히 긴장을 풀기 위해 어깨와 팔, 손가락, 얼굴, 가슴, 배, 허벅지…… 손 닿는 한 차별하지 말고 최대한 어루만져 주며 좋은 기분을 유지하는 거다. 사람이든 식물이든 예쁘다, 좋다 해 주면 정말 그렇게 된다니까. 내 몸에게 손길을 보낼 때도 아끼고 위하는 따뜻한 사랑의 감정을 가득 담자.

자위를 하기 전 손거울로 자신의 성기를 꼼꼼히 관찰해 봤다면 좀 더 쉬울 수 있다. 클리토리스의 위치가 어디인지, 소음순과 요도, 질 등등의 미세한 부분이 어떻게 생기고 어디에 있는지 말이다. 내 몸 구석구석 소중한 부분들을 잘 알아 두는 게 좋다.

부드럽게 창의적이고 독창적인 방법으로 손가락을 이용해 오르가슴에 이르도록 자극을 하는 자위. 이는 홀로 행할 수 있는 훌륭한 욕구 충족 방법이지만 참 많은 오해를 받는 영역이기도 하다. "자위를 많이 하면 키가 안 커, 머리가 나빠져, 몸에 해로워." 등등. 에휴~ 요즘엔 이 정도 상식은 다들 있겠지만, 모두 새빨간 거짓이다. 자위를 해서 해로운 일은 이런 유언비어들이 내포한 나쁜 이미지 때문에 자위를 하고 나서 죄책감을 갖는 것, 그것이다.

자위에만 빠져 모든 일상을 접고, 식음을 전폐한다 해도 그건 자위만의 문제는 아니다. 무언가에 중독된다는 건 근본적인 결핍이 있다는 뜻이기도 하니까. 그 결핍에 시선을 돌려야 마땅하다. 이걸 구분할 수 있고 조절할 수 있으면 자위의 즐거움을 맘껏 누리면 된다. 단, 청결에 힘쓰고, 죄책감은 버리고, 당당하라! 또 자신의 몸을 소중히 대하는 자세를 자위 과정에서도 익혀 두면 좋다.

| 4장 |

사랑과 이별에
대처하는
우리의 자세

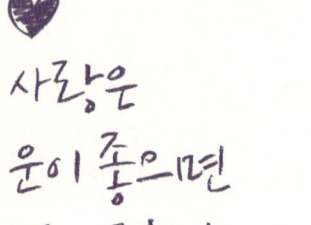

# 사랑은
# 운이 좋으면
# 얻어 걸리는 것?

연애 소설이나 주변의 연애담에는 눈을 반짝인다. 언젠가는 자기도 근사한 사랑을 할 거라 굳건히 믿고 있으며, 주변 사람들과 사랑 이야기를 할 때는 얼굴에 화색이 가득 돈다. 그런데 정작 현실에서 자기 연애는 번번이 실패다. 아니, 어쩌면 그 실패 경험조차 없다.

누군가 넌 왜 연애를 못 하는 거 같으냐고 물으면 "아직 좋은 사람이 나타나지 않아서 그래."라는 말을 늘어놓는다. 예전에는 상대를 잘못 만나서 연애를 잘못 했던 거고, 지금은 좋은 사람이 아직 나타나질 않았다는 게 연애를 못 하는 이유다. "내가 소울 메이트를 찾기만 해 봐!" 아니면 "어디 운명의 상대만 나타나 봐!"라고 외치며 운명의 상대나 소울 메이트의 등장만을 벼르고 있다. 그들만 나타난다면 이 세상 떠나도 미련 없을 사랑 한판 멋지게 할 수 있을 것처럼.

그런데 정말 그럴까? 운명의 상대나 소울 메이트의 발견이 사랑을 이루는 핵심 열쇠일까? 우리의 연애 이야기는 이 질문에서 다시 시작해야 할 것 같다. 사랑과 이별을 바라보는 관점과 태도를 돌아보자.

## 이상형만 있으면 만사 오케이?

예전에는 상대를 잘못 만나서, 지금은 좋은 사람이 나타나질 않아서 연애를 못 한다고? 이런, 이런. 사랑이란 게 적절한 상대만을 찾아낸다고 성립되는 게 아닌데 어떡하나. 사랑을 작게도 아니고 아주 크게 오해하고 있다.

앞으로 연애를 잘하려면 사랑을 '대상'의 문제로 바라보는 그 관점부터 버려야 옳다. 연애의 성패는 절대 이상적인 연인의 등장에 좌우되는 게 아니니까. 뭐, 별로 동의할 수 없다고? 좋다. 그럼 재밌는 가정 하나를 함께 해 보자. 즐거운 상상일 터이니 긴장 풀고 가 보자. 후훗. 레드 썬~!

첫째 단계. 눈을 감고는 평소에 꿈에 그리던 이상형 한 명을 떠올려 보자. 물론 여러 명일 수 있겠지만, 두 명 이상은 안 된다. 괜한 욕심은 부리지 말고 가장 사랑하고, 사랑받고 싶은 적절한 상대를 고르자. 학교 얼짱? 닉쿤이나 강동원 오라버니? 또는 청순글래머 신세경이나 김태희 누나? 아, 평소 흠모하던 상대도 괜찮다. 여하튼 한 명 간택했다면 둘째 단계로 가자.

둘째 단계. 오호, 이 세상에 드디어 기적이 일어났다. 그대가 간택한, 완벽한 연인의 조건을 갖춘 그 사람이 갑자기 그대에게 다가와서는 달콤한 사랑 고백을 내뱉기 시작한다. 고백받을 때 들으면 좋겠다 싶던 말 있음 떠올려 보자. 그 고백의 말에는 "저와 사귀어 주세요."라는 말은 꼭 있어야 한다. 고백을 다 듣고 나서 그대는 잠시 생각할 시간을 달라고 상대에게 정중히 부탁하는 걸로 하자. 기다렸다는 듯이 너무 덥석 받아들이면 좀 그렇잖아.

셋째 단계. 그대는 그 고백을 받아들인다. 서로가 마음을 확인했다. 자, 이제 그대의 사랑은 이뤄졌는가?

레드 썬~! 정신 차리고 말똥한 제정신으로 상상에서 다시 현실로 돌아와 이성적으로 생각해 보자. 물론 강동원이나 닉쿤, 동네 얼짱이 다짜고짜 듣도 보도 못 한 내게 사랑 고백을 해 올 리 없지만 뭐, 그런 건 중요한 게 아니니까. 걔가 미쳤든 이상한 약을 먹어 그랬든 간에 그대에게 적절한 이상형이 나타났다는 거, 그리고 그 이상형이 자기랑 연애해 달라고 졸라 댄다는 사실, 그게 가장 중요한 포인트다.

아마 저 상상이 이뤄진다면 처음 얼마간은 사랑의 성취감 때문에 그대는 행복한 시간을 보낼 것이다. 사랑의 황홀한 감정에 빠져, 그들의 찬란한 미모에 취해 헤롱대는 나날들이겠지. 그러다 점점 처음의 마음과 황송함은 시간과 함께 빛이 바랠 것이다. 상대에 대한 감사가 익숙함 또는 당연함으로 변하고부터는 분명 다투기도 하겠지.

생각을 해 보자. 사랑해서 한 번도 싸워 본 적 없다는 커플이 주변에 몇이나 되는지? 드라마에도 그런 건 별로 없다. 이상형의 등장만으론 사랑이 순순히 이뤄지지 않는다는 이야기다. 운명적 사랑이라고 불리는 것들도 운명에만 맡겨 두고 아무것도 안 하고 팔짱끼고 있으면서 얻은 게 아니다. 당사자들이 관계에 대한 노력을 끊임없이 해 갔기에 얻을 수 있었던 거다.

하늘에서 백마 탄 미소년이나 잠자는 미소녀가 내 앞에 뚝 떨어져 나만 바라보는 로또 같은 일은 현실에서 벌어지지 않는다. 이제 사랑할 대상이 있느냐 없느냐가 사랑의 핵심이 아니라는 걸 인정해야 할 때가 온 것 같다.

# 관계의 생명력을
# 원한다면

사랑은 우리가 생각하는 것보다 매우 능동적인 행위를 필요로 한다. 사람들은 사랑에 '빠졌다'는 표현을 종종 쓰지만, 사랑은 빠지기만 하면 자동으로 진행되는 게 결코 아니다. 오히려 사랑은 '하다'란 동사와 훨씬 더 가깝다. 사랑은 서로 다른 존재인 두 사람이 몸과 마음, 감정과 이상을 각자의 현실에서 함께 주고받는 일이니까. 그 안에서는 세상에 대한 이해, 타인과 자신에 대한 존경, 삶에 대한 책임, 약자에 대한 연민과 동정심 등 세상과 삶을 대하는 태도들이 분명히 드러난다.

우정이든 사랑이든 현재 자기 존재의 수준만큼, 딱 그만큼만 관계를 맺을 수 있다. 그래서 우리는 존재를 성장시키기 위한 내공을 쌓아야 한다. 나는 어떤 사람인지, 어떤 가치를 우선시하는지, 어떤 꿈을 가지고 있는지, 무엇에 기뻐하고 또 슬퍼하는지 등등 존재의 성찰이 가능할 때 사랑이라는 관계도 더욱 잘 가꿔 나갈 수 있는 거니까.

존재의 성장을 위한 내공 쌓기는 서로 맺은 관계를 건강하게 지켜 나갈 때도 필요하다. 이때의 내공은 나뿐 아니라 상대에 대한 이해(특히나 문제가 생겨 다툴 때), 둘이 맺는 관계에 대한 탐구, 둘이 속한 세계에 대한 통찰의 형태로 확대된다. 이 모든 것들이 광범위하게 쌓일수록 사랑하는 상대와 나눌 것들은 풍성해지며, 관계의 복잡다단한 문제들 앞에서도 더욱 힘을 낼 수 있다. 특히나 요즘같이 외모, 스펙, 재력 따위의 바코드를 붙여 최적의 상품을 교환하듯 연애를 하는 게 현명한 것인 양 몰아가는 세상에선, 부디 그런 것들에 휩쓸리지 않고 사랑하기 위해서라도 나와 세상에 대한 통찰이 필요하다. 사랑이 저런 궁핍하기만 한 조건으로 교환되는 게 아니어야 할 테니까.

'외모, 스펙, 재력'에는 상대의 '조건'만 있을 뿐이다. 그런 조건에는 그의 정신이나 그만의 고유한 본질을 드러내는 존재가 없다. 세상에 통용되는 '조건'을 따지지 않고, 진정한 자기 자신을 드러내고 상대를 만날 때 우리는 깊고도 넓은 사랑에 한 발 더 다가설 수 있다. 그런 내공을 쌓으려면 어렵고 힘들더라도 관계 안에서 훈련을 거듭 반복해야 한다.

둘 사이의 관계가 생명력을 가지려면 상대를 세상의 유일무이한 존재로 인식하며 현실에서 잘 지낼 수 있는 방법을 찾기 위해 노력해야 마땅하다. 상대방에게 화가 난다고 해서 그저 벅벅 소리를 지르고 감정 표현만 할 것이 아니라, 왜 화가 났는지, 상대방은 어떤 의도였는지 이야기를 듣고, 자신의 감정과 관계를 어떻게 추스를지 생각하고 토론해야 한다. 또 상대가 화가 났을 때는 어떻게 화를 풀어 줄 것인지, 내가 어떤 식으로 행동을 바꾸어 나가고, 그것을 상대로 하여금 신뢰하게 할 수 있을지 진지하게 고민하고 실천하는 연습이 필요하다.

언뜻 자신을 드러내며 싸우고 화해하고 토론하고 조율하는 반복되는 과정이 구질구질해 보일지 몰라도, 결코 그렇기만 한 건 아니다. 이는 서로에 대한 이해를 넓히고, 관계에 대한 혜안을 터득하고, 둘의 관계를 견고하게 다져 갈 수 있는 기회다. 관계를 현명하게 푸는 능력! 사랑의 기술은 바로 그 구질구질해 보이는 과정에서 새록새록 싹을 틔운다. 쿨하고 시크하게만 관계를 맺어 가는 게 멋져 보일 수는 있으나, 오히려 방어적이고 겁 많은 자들의 가면이라는 거 알아 두자.

동화 속에 무수히 등장하는 "둘은 오래오래 행복하게 살았습니다."라는 손쉬운 결말의 저 구라는 현실 연애와 꽤나 동떨어져 있다. 한 번의 위기만 넘기고는 둘이 오래오래 행복하게 산다고? 그럴 리 없다. 연애라는 건 이미 두세 번의 위기를 겪고도 언제든 안

밖에서 위기와 도전을 마주할 일이 수두룩하다. 그게 진짜 리얼 현실 연애다. 그런 현실의 사랑에 무엇보다 필요한 건, 다시 강조하지만 사랑하는 '능력', 서로에 대한 공부와 앎에 대한 의지, 그리고 훈련이다.

# 이별에 대처하는 두 가지 사례

이건, 분명 밝히는데 내 이야기는 아니다. 열일곱 살 때부터 지금껏 친하게 지내는 친구 미로의 이별 이야기들이다. 본명을 밝혔다간 십여 년 맺은 우정 의절당할 것 같아 닉네임을 쓴다. 원래 풀네임은 앞에 crazy를 붙여야 하지만, 부르기 편하게 미로라고만 하겠다.

## 너도 당해 봐

아무리 엄격한 부모나 깐깐한 선생이라도 이때만큼은 건드리지 않는다는 애프터 수능! 그 자유로운 시절, 열아홉 미로는 초등학교 동문회에서 동창 소년 인호를 만났다. 마침 그 동창 소년이 사는 곳이 미로네 아파트 바로 옆 동인지라 둘은 밤에 산책도 하고, 야식도 종종 먹었더랬다. 모델 형을 두었던 인호는 형과 같은 유전자를 이어받아 키가 훤칠했고, 얼굴 역시 미소년까진 아니어도 그럭저럭 정직하게 잘생긴 훈남에 가까웠다. 아, 그러나 그 훈남 동창 소년에게는 이미 여자친구가 있었으니, 그것도 하필이면 미로와 동창이었다. 자, 이제부터 진부한 삼각 러브스토리다.

미로와 인호, 이 둘이 함께 산책하고 야식을 나눠 먹는 일이 점점 늘어 가더니, 어느 날 갑자기 밥 먹다 말고 서로가 예뻐 보인 거다. 결국 인호는 여친과 미로 사이에서 고민고민하다 예쁘진 않아도 자신을 더 두근거리게 하는 미로를 택했다.

인호의 여친은 미로와 친하게 지낸 사이까지는 아니더라도 적어도 미로와 초등·중학교 시절 동창이었다. 동네 남자 인재풀이란 게 워낙 좁아서 그랬겠지만, 어쨌거나 미로는 졸지에 "친구 남자 빼앗은 년"이 되어 버렸다. 미로와 그 여친을 두루 알고 지내던 정의롭고(?) 양심적인 경향의 여자 애들 몇 명은 친구 남자 빼앗은 미로를 비난하며 멀어져 갔다. 미로는 친구 몇몇을 잃는 대가를 치르고 동창 소년을 얻었다. 주변의 질시 어린 반대와 만류 덕에 그 둘만의 눈꼴 시린 사랑은 더욱 불타올랐다.

1년 정도 흘렀을까. "개가 똥을 끊냐?"라는 얘기가 괜히 있는 게 아니다. 인호에게 또 다른 여자가 등장한 거다. 그리고 동창 소년은 미로에게는 이별을 선언하고 새로운 여자친구를 선택했다.
 "내가 하면 로맨스, 남이 하면 불륜"이라고 했던가. 믿었던 남자친구의 배신에 미로는 치를 떨었다. 그 여자와 그녀의 남친, 그리고 인호와 미로는 함께 더블데이트도 했던 사이였다. 더구나 인호가 이별 전에도 자신을 속이고 그 여자와 몰래 데이트를 즐겼다는 사실을 알게 됐을 때 미로는 피눈물을 흘리지 않을 수 없었다.
 절친한 친구의 일이라 나 역시 진한 배신감을 느꼈다. 속상하고 또 가슴이 아팠다. 하지만 이때부터 내 고난도 시작됐다. 이별 후 불면의 밤을 보내며 괴로워하는 친구가 새벽에 걸어 오는 전화. 처음 얼마간은 안쓰러운 마음에 너그럽게 전화를 받아 줬다. 친구의 다친 마음을 나 역시 위로해 주고 싶었으니까.
 "사귈 때는 가까이 산다는 게 그렇게 좋기만 하더니, 지금은 슈퍼 가다 마주칠까 봐 밖에 제대로 나가지도 못하겠어."
 "나쁜 자식! 나도 걔 꼴 보기 싫어. 그치만 니가 뭘 잘못했냐? 그 자식이 나쁜 거지. 우리 미로, 기운 내! 막 돌아댕겨~!"
 이 주일이 좀 넘었을까. 새벽마다 이어지는 전화는 나를 슬슬 지치게 했다. 일방적인 배신의 충격에 휩싸여 정신 못 차리고 폐인이 된 친구. 분명 불쌍하고 안쓰럽긴 한데, 저렇게 분노와 자기 연민에 휩싸여 일상생활은 아무것도 못하니, 내 마음도 점점 답답해져 갔다. 그러던 중 미로가 부탁 하나를 해 왔다.

"너, 내 친구 맞지?"

"그럼, 당연하지. 난 언제나 네 든든한 친구지."

"힘든 것도 힘든 거지만, 나 이렇게 당하고만 있으니까 분이 안 풀려. 걔가 제일 아끼는 거 나도 부숴 버릴 거야."

"(아, 저놈의 '부숴 버릴 거야.' 타령······.) 그, 그래. 내가 도울 일 있음 뭐든 말해. 네가 원한다면 난 뭐든 할 수 있어."

"진심이지?"

"응, 당연하지. 너 나 못 믿어? 나야 나. 네 절친!"

"나 걔 오토바이 부숴 버릴 거야. 그거 인호가 제일 아끼는 물건이거든. 얼마 전에도 알바한 거 다 쏟아서 그거 튜닝했거든. 그럼 분이 좀 풀릴 것 같아."

"뭐? 오토바이를 부수겠다고?"

"왜, 안 될까? 너 설마 망설이는 거야?"

"(약간 비굴한 목소리로) 아, 아, 아니~. 난 할 수 있어. 해야지. 네가 마음이 좀 풀린다는데, 해야지. 그럼, 그럼. 헤헤헤~"

"좋아, 그럼 애들 몇 명 더 불러야겠다."

"그······ 그래."

다음날 그렇게 결성된 멤버 4명이 인호의 집 앞에 모였다. 여자의 마음을 가뿐히 즈려밟고 가 버린 배신자를 응징하겠다는 순수한(?) 열아홉 소녀들에게는 무엇 하나 두려울 게 없었다. 아, 자매애여!

결연한 의지로 다져진 눈빛, 굳건하게 다잡은 두 손, 소녀들은 배신 소년의 오토바이 앞에 섰다. 주인의 사랑을 듬뿍 받은 숑카는 늠름하고 다부졌고 반짝반짝 빛났다. 서로들 숑카의 때깔에 움찔 놀라서 몸을 웅크리고 가만히 노려보기만 하는데, 분노 게이지가 최고조에 이른 미로가 반짝반짝 빛나는 숑카를 향해 갑자기 달려들었다. 뒤이어 소녀들도 숑카에 덤볐다.
"아, 오토바이는 정말 단단하구나."
"그러게……."

아무리 발로 차고 손으로 잡아 뜯어도 흠집 하나 나지 않았다. 하지만 그렇다고 쉽게 포기할 소녀들이 아니었다. 안간힘을 쓴 끝에 드디어 미로가 번호판을 뜯어 냈다. 그걸 보고 탄력 붙은 우리는 그렇게 빛나던 쏭카를 한순간에 (허세 좀 붙여) 폐차 직전 수준으로 만들어 버렸다. 미로와 순수하고 무식한 소녀들은 만족했다. 그리고 미로는 우리 앞에서 동창 소년, 아니 배신 소년에게 문자를 보냈다.

"오토바이 내가 그랬다. 마음 아프니? 너도 당해 봐."

## 쿨하지 못해 미안해

정말 예쁘게 아름답게 헤어져 놓고

드럽게 달라붙어서 미안해 so so cool

합의하에 헤어져 놓고 전화해서 미안해

합의하에 헤어져 놓고 문자해서 미안해

답장도 없는 문자 받지도 않는 전화

(……)

얼마 전에 너의 미니홈피 들어가 봤어

사진이 보이지 않아 왜일까

생각해 봤어 맞아 너와 나는 일촌이 아니었어
왜 나랑 일촌 끊었어?
괜히 끊었어 괜히 끊었어

— UV, 〈쿨하지 못해 미안해〉 중에서

미로에겐 미안하지만 또 미로 얘기다.

친구 소개로 만난 쿨가이 지훈이는 미로와 음악 취향이 비슷했다. 처음에 둘은 함께 음악을 듣거나 공연을 보러 다니는 친구쯤으로 서로를 여겼다. 그러다 알고 지낸 지 한 달 정도 지났을까. 연인들이 백일을 챙기거나 커플링을 하는 짓거리를 유치하게 생각한다는 둘 사이의 공통점이 추가되자, 둘은 급속도로 친밀해졌다. 미로는 자신의 첫 연애남, 동창 소년이 커플링이나 기념일에 집착했던 남자였기에 그 이후론 기념일이나 커플링 같은 게 다 부질없는 짓이라고 생각했다. 연애가 시작되자 미로는 또 나에게 쪼르르 전화를 걸었다.

"왜 사람들은 꼭 사귀면 자주 만나고 매일 전화하고 문자 보내야 한다고 생각하지? 그건 아니잖아?"

"맞아. 미로야, 나도 그렇게 생각해"

"그런 의미에서 지훈이랑은 정말 잘 맞는 거 같아. 나, 개랑 사귀기로 했다. 진부하지 않은 방식으로."

"오호~ 진짜?"

"응!"

그렇게 한동안 미로의 연애는 잘나가는 듯싶었다. 그러다 언젠가부터 매사에 쿨하게만 구는 지훈이의 행실을 놓고 두 사람은 슬슬 다투기 시작했다. 그러던 어느 날 미로는 확인받지 못하는 사랑에 대한 불만으로 지훈이에게 헤어지는 게 어떻겠냐고 슬며시 떠보았더란다. 거기에는 정말로 관계를 끝내 버릴 의지와, 이별을 무기로 협박해 보았다가 지훈이가 변한다면 다시 잘해 보려는 의지가 뒤섞여 있었다.

그런데 아주 쿨하다 못해 차디찬 지훈이는 바로 그날 미로와 미니홈피의 일촌을 단박에 끊어 버리고 잠수를 탔다. 예상치 못한 상대의 반응에 당황한 미로는 목 놓아 통곡했다. 함께 찍은 사진도 폴더째로 삭제. 사귀던 연인의 미니홈피에서 일촌이 끊기는 이 서러움, 이건 당해 본 자만이 안다.

"일촌이 끊긴 게 마치 내 온 존재가 거부당한 것 같은 기분이야. 꺼이꺼이~"

"우쮸쮸~ 우리 미로. 나도 예전에 그랬어. 일촌 끊긴 맘 내가 알지. 어떡하니."

연애가 처음도 아니건만, 미로는 이번엔 더 처참히 슬퍼했다. 동창 소년에게 보였던 이별의 감정이 배신에 대한 분노와 응징 쪽에 가까웠다면, 쿨가이 지훈이에게 보인 이별의 감정은 보답받지 못한 사랑에 대한 우울과 집착에 가까워 보였다.

쿨가이라는 별명처럼 지훈이는 원래 매우 쿨한 아이였다. 미로가 먼저 헤어지자고 말했을 때에도 아무것도 묻지 않고, 묵묵히 그 사실을 받아들였다고 한다. 하지만 미로는 지훈이만큼 쿨하지 못했다. 이별을 묵묵히 단박에 받아들여 정리해 가는 지훈이와 다르게 미로는 자기가 먼저 헤어지자 말해 놓고도 하루에 수십 번씩 지훈이 미니홈피에 들락날락하며 그의 이별 후의 반응을 살폈다. 먼저 이별 통보를 하긴 했어도 이별 앞에 아무 미련도 보여 주지 않는 상대의 쿨한 모습에 미로는 굉장히 울적해했다.

아아, 미로의 쿨하지 못해 미안한 구질구질한 집착은 이때부터 그 시작을 알렸다. 몰래 익명으로 지훈이에게 문자도 보내고, 발신 번호를 숨기고 전화를 걸어서는 목소리만 듣고 끊는 짓을 수시로 했다. 이별의 후유증에 또다시 미쳐만 가는 미로 앞에 절친인 난 또다시 위로를 갖다 바쳐야 하는 산 제물이 됐다. 제3자인 내가 봐도 지훈이는 피도 눈물도 없는 시크남의 절정체로 보였다.

헤어지고 한 달 가까이 지나자 미로는 익명의 문자를 보내는 일도, 전화 걸어서는 목소리만 듣고 끊는 짓도 서서히 그만두었다. 하지만 미니홈피를 방문해 호시탐탐 일거수일투족을 확인하는 것만은 손에서 떼기 어려워했다. 미로에게 그 일이 보상처럼 일어나기 전까지는 말이다.

헤어지고 나서 두 달쯤 지났을까. 그동안 우울하게만 지내던 미로가 어느 날 한껏 밝은 목소리로 전화를 걸어 왔다.

"어제 저녁에 무슨 일이 있었는지 알아? 내가 미니홈피 1000번째 방문자 이벤트 걸어 놨는데 지훈이가 당첨된 거 있지~ 걘 어쩜 그렇게 딱 걸리냐! 그렇게 쿨하게 굴더니만."

매사에 솔직하고 씩씩한 미로. 그녀는 동창 소년의 배신에 맞서서는 상대의 소중한 오토바이를 부숴 버리는 일로 응징하며 자신의 분노를 다스렸고, 이별 통보 앞에서도 쿨하기 그지없던 모습만을 보이던 옛 남자가 자기 미니홈피 1000번째 방문자로 당첨되자 우울과 구질구질한 방식의 집착들을 마음에서 깨끗하게 정리, 다스려 나갈 수 있었다. 덕분에 나 역시 새벽의 저주, 아니 전화에서 풀려났고.

이별의 분노와 우울 그리고 집착은 사랑이 끝났다고 느낀 미로가 즉각 보인 반응이었다. 이별의 슬픔과 분노는 '사랑을 하던 어제'와 '남이 되어 버린 오늘'의 메울 수 없는 틈에서 비롯된다. 아무리 이별 앞에 쿨하고 당당한 모습을 보이고 싶지만 사실 이별 앞에 쿨해지기는 말처럼 쉬운 일이 아니다. 그래서 우리는 구질구질해진다. 자신이 그러면 안 된다는 걸 알면서도.

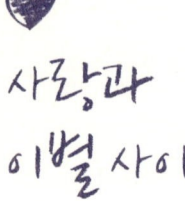

# 사랑과
# 이별 사이

사람마다, 이별마다 조금씩 다르겠지만, 이별을 겪을 때는 슬픔이라는 감정 말고도 분노와 우울, 증오, 집착 같은 감정이 인다. 그건 마치 누굴 좋아하기 시작할 때 그 마음 안에 환희, 존중, 기쁨, 수용 등이 함께 있는 것과 같은 이치다.

우리가 누군가와 정분이 날 때를 떠올려 보자. 정분이 나 연애를 시작하게 되면 상대에 대해 좀 더 알고 싶어진다. 많은 시간을 함께하면서도 더 오랫동안 함께 시간을 보내길 원하며, 서로의 공통된 관심사를 확보하고 싶어한다. 상대를 믿게 되고, 그런 믿음을 바탕으로 각자의 내밀한 영역들을 서로에게 열어 주고, 그 공간을 공유한다. 손도 잡고 입도 맞추며 서로에게 미친 듯이 몰입한다. 심지어 상대방 핸드폰의 문자나 통화 내역을 보는 것까지도 연인 사이에서는 종종 벌어진다. 물론 대부분은 자기 건 안 보여 주고 상대 것만 보고 싶어하긴 하겠지만, 페어플레이 정신을 구현하려다 보면 어쨌든 서로 공유하게 되어 있다.

서로가 서로에게 그 누구보다도 특별해지기 때문에 둘 사이의 벽들이 사라진다. 이 세상에서 그 사람만이 나를 이해해 줄 거 같고(혹은 그런 착각에 빠지고), 그 몰입에는 밤낮이 없다. 문자를 주고받고, 통화를 하며, 미니홈피에 열심히 서로의 등장을 전시, 통보, 증명한다. 서로에게 더더욱 '미쳐 버리는' 것을 사랑의 열정적 증거로 생각하기도 한다. 친해지기 전, 낯선 타인으로 알고만 지낼 때와 전혀 다르게 개인의 일상에서 서로를 허용하는 범위가 매우 넓어진다. 그리고 이 변화에 차츰 익숙해진다. 문자를 주고받는 것도, 통화를 하는 것도, 손을 잡고 입을 맞추는 것들 모두가 당연한 일상으로 여겨진다.

하지만 이별을 하면 이 모든 범위를 박탈당한다. 그동안 아무리 죽고 못 사는 사이였다 해도 이별을 하면 더는 둘이서 맺었던 관계와 나눴던 마음 따위를 서로에게 요구해선 안 된다. 감정이 무르익었을 때 날렸던 영원한 사랑에 대한 고백은 어쩌고 그러냐고? 받아들이기 어렵겠지만, 그런 고백은 이별 앞에서 부도 난 백지수표다. 보고 싶을 때 통화를 할 수도, 문자에 답문을 받을 수도 없다. 손도 맘대로 잡아선 안 된다. 엊그제만 해도 마음껏 문자를 주고받던 상대지만, 관계가 변한 이상 그 사이에선 어느 것도 실현할 수 없다. 헤어진 마당에 연인으로의 의무와 역할, 어느 것도 없으니까. 그 사람이 죽은 것도 아니요, 이 땅에서 사라진 것도 아니지만 지금까지의 방식으로는 관계를 맺을 수 없다.

## 이별과 이별하기

이별의 슬픔과 분노는 '사랑을 하던 어제'와 '남이 되어 버린 오늘'의 메울 수 없는 틈에서 비롯된다. 상대방을 믿었기 때문에 간이고 쓸개고 다 빼 줬는데 이제 와서 헤어지자니. '헐'을 백만 개는 날리고 싶을 만큼 어이가 없다. 어렵게 쌓아 나갔던 서로에 대한 믿음이 한순간에 깨져 버린 것 같은 느낌이 들기 때문이다. 생각해 봐라. 애당초 누군가를 믿는다는 건 쉬운 일이 아니었다. 가족에게도 알려 주지 않는 핸드폰 비밀번호를 애인에게 알려 줄 수 있는 건 상대방과 내가 가장 비밀스러운 영역을 공유하고 있다는 믿음이 있기 때문에 가능한 일이었다. 그런 믿음이 처참히 버림받았다는 생각이 드는 순간 인간은 이성을 잃는다.

　분노와 절망감에 못 이겨 상대방 얼굴에 차디찬 얼음물을 수천 번은 더 끼얹고 싶겠지만, 냉정하게 생각해 볼 필요가 있다. 이별을 받아들이지 못하거나 그 이별 앞에 분노하게 되는 건, 어쩌면 사랑이라는 이름으로 상대방을 소유하려고 했기 때문은 아닌가? 믿음이라는 울타리를 쳐 놓고 상대방을 가둬 두려고 한 것은 아닌가?

　기본적으로 사람이란 끊임없이 변화하는 존재다. 인간의 생도, 세상의 어느 것 하나도 변화하지 않는 건 없다. 그리고 그건 사랑에서도 마찬가지다. 나에 대해 알지도 못하고 나를 좋아하지도 않던 한 존재가 나를 좋아하게 되고 사랑하게 되는 것은 받아들여 놓고, 이제 와서 그 반대 상황이 일어나서는 안 된다고 우기는 것은 억지다. 사랑은 죽을 때까지 변화하는 존재인 사람이 하는 거니까. 서로의 변화를 더 이상 함께할 수 없다면 그 사랑은 거기까지인 것이다. 그러므로 나는 변하지 않았는데 상대방이 변해 버린 것이라고 투덜대선 곤란하다.

　연인 관계는 얼핏 둘 다 변함없이 사랑하는 것이라고 착각하기 쉽지만, 사실은 변함없이 사랑하는 게 아니라 둘이 함께 끊임없이 변화하며 사랑해 가는 쪽에 가깝다. 사귀기 시작한 후 시간이 흐르면서, 서로는 변화하게 마련이다. 주변 환경이 변할 수도 있고, 성격이나 가치관이 변할 수도 있고, 외모나 직업, 배경 같은 조건들이 변화할 수도 있다. 연인은 이런 변화를 함께하고 그것을 슬기롭게 겪어 나가는 관계가 되어야 한다. 둘 중 어느 한쪽이 성장하면 다른 한쪽이 그 성장에 발맞추고, 혹은 사랑하는 사람이 삶의 다른 국면에 들어섰을 때 그 변화를 함께해 주는 것이다. 그래서 사랑은 서로의 성장과 변화에 맞춰 함께 변화할 각오가 되어 있느냐, 또 그런 실력이 있느냐 없느냐의 문제이기도 하다. 물론 그런 변화의 노력을 가능하게 하는 건 서로에 대한 애정과 사랑이겠지만.

우리는 이별할 때 그 이유를 두고 흔히 "서로 잘 안 맞는 것 같아, 너에게 나는 너무 부족해, 나보다 더 좋은 사람 만나."라는 얘길 한다. 그런데 이 말 속에 숨어 있는 또 다른 이별 본심은 "나는 더 이상 너한테 맞출 마음이 없어, 노력하기 싫어."라는 거. 둘 중 어느 한쪽, 아니면 양쪽 둘 다 상대의 변화에 대한 노력을 거부할 때가 되었다면 그건 그 사랑의 유통기한이 끝난 것이다. 인연이 다한 거지.

사랑의 유통기한이 이미 지나 버렸는데 그 사랑을 자꾸 붙들고 놓지 못하면 곤란하다. 상대방이 나와 함께 있을 때 더 이상 행복하지 않고, 노력할 마음이 들지 않는다는데도 그 사람을 옆에 두려 한다면 그것은 상대방뿐만 아니라 자신까지 괴롭히는 일밖에 되지 않는다. 이별할 때가 온 걸 깨달았다면 서로를 있는 그대로 놓아 줄 줄 아는 지혜가 필요하다. 그럴 때 비로소 내 존재도 상대방에게 의지하지 않고 바로 설 수 있게 될 테니까.

이별은 인연의 매듭과도 같은 거다. 대나무에 마디가 있어야 그 대나무가 높이 자랄 수 있듯 사람의 인생과 인연에도 그러한 매듭이 있어야 앞으로 나아갈 수 있는 법이다. 우리네 인생 자체가 영원할 수 없기에 영원한 것을 가치 있게 여기며 사랑도 영원하길 바라지만, 그게 유일한 사랑의 완성은 아니다. 사랑의 완성을 백년해로로만 보는 어리석음은 버릴 필요가 있다. 한순간 뜨겁게 사랑하고, 또 그렇게 사랑할 때 행복했고, 잘 헤어졌다면 그걸로 그 인연과 사랑은 완성된 것이고 족한 거다. 이 사실을 받아들이자. 이를 받아들이지 못하는 자, "이제 다시 사랑 안 해."를 목 놓아 부르며

모태솔로 오나미 성녀님의 뒤를 따르리라는 어리석은 다짐을 하게 될지 모른다.

이별은 사랑의 한 과정이며 성숙할 기회라는 걸 기억하자. 살며 사랑하다 보면 한 번의 매듭을 짓는 사람도 있고, 여러 번의 매듭을 짓는 사람도 있다. 중요한 건 매듭의 수가 아니라, 그 매듭을 어떻게 하면 아름답게 잘 묶느냐다. 매듭을 엉터리로 묶어서 다음 마디에까지 피해가 가게 하거나, 한때 사랑했던 사람인 상대와 나 자신을 파괴하는 이별의 매듭을 짓는 것이야말로 우리가 주의해야 할 일이다. 삶의 내공은 사랑할 때만 쌓이는 게 아니다. 인연의 매듭을 잘 묶는 이별을 통해서도 성장할 수 있다. 아마 이 매듭만 잘 묶어도 사랑할 때 얻은 내공의 두 배쯤은 거뜬히 업그레이드될 것이다.

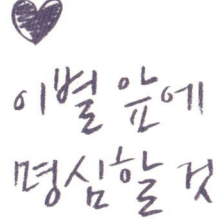
# 이별 앞에 명심할 것

사랑이 지나간 뒤에는 그간의 인연을 이별이라는 매듭으로 잘 마무리할 수 있도록 자신의 감정을 잘 보살펴 주어야 한다. 사랑을 하는 동안 생긴 묵은 상처들을 돌보는 기회를 마련해 주고, 내 감정을 돌봐 주는 것, 이게 바로 진짜 어른이 되는 비법이다.

그럼, 이별 앞에서 명심해야 할 것들은 무엇일까?

## 인정이 필요하다

인정(人情) 말고 인정(認定, accept) 말이다. 받아들여야 한다는 얘기다. 이별 자체를 받아들이라는 소리냐고? 아니다. 물론 이별을 바로 인정해서 상대나 주변 사람들을 괴롭히지 않고 이별의 감정도 깔끔하게 마무리할 수 있으면 좋겠지만, 어디 그게 말처럼 쉽나. 여기서 '받아들이라'는 말은 이별 자체를 쿨하게 받아들이는 연애 초고수의 경지를 얘기하는 게 아니다. 이별 앞에서는 누구나 격하고 당황스런 감정이 일 수 있다는 사실을 받아들이라는 거다.

앞서 이야기한 것처럼 이별은 상실의 슬픔과 함께 분노, 증오, 저주, 집착, 우울 같은 감정을 불러일으킬 수 있다. 비록 바로 자신이 그 이별을 원하던 당사자일지라도 말이다. 그러니, 이별을 겪을 때 자기가 경험하게 되는 이런 낯선 감정들이 지극히 자연스러운 것임을 스스로 인정해 줄 필요가 있다. 평소에 아무리 한 '시크'한다고 자부하는 사람일지라도. 사실 이별이 닥쳤을 때 여러 감정이 인다는 걸 인정하는 건 어렵지 않다. 너무 뻔한 상식 같은 이야기다. 하지만 감정의 정당성을 스스로 인정하는 자세는 '성공적인 이별'에 있어 매우 중요한 첫 단추다.

그러나 '인정'이 감정이 이는 대로 마구 멋대로 행동해도 좋다는 얘기와는 다르다는 걸 기억하자. 이별을 경험하면 다양한 감정들이 마음속에서 극단적으로 치닫기도 한다. 그런 감정들은 때로 상대나 나에게 폭력적인 모습으로 나타난다. 나와 미로의 오토바이 응징 사건이나, 이별 뒤에 많은 여자들이 미친 듯이 먹을 것에 집착을 보이는 것과 같이 말이다. 이러한 행동들은 결코 건강하거나 일상적인 것은 아니다. 왜 진짜 미친 사람치고 자기가 미쳤다고 인정하는 사람은 없지 않나. 절대 자신은 미치지 않았다고 주장하기 바쁠 뿐이지.

하지만 조금이라도 자기 객관화가 가능한 사람은 자신의 상태가 좋지 못하다는 걸 파악하고 인정할 수 있다. 자기 객관화가 가능한 사람은 좀 더 빠르게 건강해진다. 이별에서도 이렇게 하나씩 자기 객관화를 이루어 나가면 된다. 이별을 하면 여러 감정이 일 수 있다는 걸 인정해 주고, 아는 거다. 이게 이별의 진도 나가기 첫 번째다. 첫 단추를 잘 꿰면 나머지 단추들도 잘 꿸 수 있다.

## 센 척하면 안 된다

이별 앞에서 "별거 아냐, 난 괜찮아."라는 태도를 보이는 사람들이 있다. 연인과의 이별이 정말 후련하고 속 시원한 사람이라면 크게 상관 안 하겠다. 괜찮다. 하지만 괜찮지 않으면서도 사회적 명예와 체면 때문에 자기 감정을 자꾸 축소해서 취급하는 거라면, 나중에 정말 안 괜찮아질 거다.

특히 "남자는 울면 안 된다."는 얘기를 귀에 못이 박이게 들으며 자란 남자들, 좋지 않다. 아니, 매우 나쁘다. 마치 분노의 시루떡 법칙처럼 말이다. 제때 해결하지 못한 분노는 무의식에 시루떡처럼 켜켜이, 차곡차곡 쌓인다. 그리고 언젠가 분노와 연관된 무의식이 자극을 받으면 별일 아닌 일 앞에서 급기야 붐!! 무섭게 폭발한다. 이게 진짜 무섭다. 왜냐, 자기도 사소한 일에 왜 그렇게 폭발하는지 진짜 원인을 찾기 어려울 테니까. 그러니까 이별 앞에서도 센

척하면 안 된다. 이별해서 슬픈 감정이 100이면서 그걸 10이나 20 정도 밖에 안 되는 척하지 말자. 이별에 충분히 슬퍼하고 분노하는 애도의 과정을 겪는 게 필요하다.

담백한 게 제일 좋다. 평소 숨을 마시고 내쉬는 것만 바라보는 요가 명상의 한 방법처럼 슬픔을 그저 느껴 보는 거다. 딱 자기한테 있는 슬픔만큼, 과장하지도 축소하지도 말고. 이별을 이해하는 방법은 바로 그 이별 속에 있으니 손쉬운 위안거리를 찾아 도피하지 말자. 슬픔을 회피하려고 곧바로 다른 연애 상대를 만나는 일은 이별의 아픔을 통해 성숙을 도모할 기회를 빼앗는 나쁜 습관이다. 다른 거에 몰두하지 말고 담백하게, 자신의 슬픈 마음을 봐라.

정말 쿨하고 멋진 사람은 슬픔과 상실의 두려움을 숨기지 않는다. 충분히 슬퍼하는 과정을 거치고 나면 또 다른 사랑을 받아들일 수 있는 마음 준비가 겸허하게 마련되어 있을 것이다. 담백하게 슬퍼 본 사람이 진정 사랑의 기쁨도 여실히 느낄 수 있으니까.

## 나르시시즘은 금지다

이별의 감정이 100이면서 10인 척하는 것도 나쁘지만, 100이면서 200인 척하는 것도 똑같이 나쁘다. 자신의 감정 상태를 지나치게 과장해서 "그 사람 없이는 살 수 없어."라고 여기는 건 곤란하다. 이는 결국 자신에게도 상대에게도 파괴적이다. 그리고 미숙한 어른이 되는 지름길이다.

사실 이런 뺑튀기 감정은 예민한 감수성을 지닌 감수성 공주님 계열의 종족과 토이남(초식남)들에게서 많이 엿볼 수 있다. 섬세하고 명민한 자신에 대한 자아상을 취득했고, 우울과 시니컬한 요소를 대인 관계에서 자기 방어용 액세서리로 소장하고 있는 사람들. 적당히 섬세하지 못한 대중들과 자기는 다르다고 생각한다. 물론 티는 안 내고, 심적으로 적당히 기만할 뿐이다.

이들의 사고에서 '이별한 나'는 비련의 주인공이 된다. 비련의 주인공 역할은 아프고 고통스럽긴 마찬가지지만, 낭만적 사랑의 주인공이 되면 나름의 쾌감이 있다. 자신의 존재가 강렬하게 확인되니까. 그래서 아이러니하지만 한편에서는 이별에 아파하는 자신이 영원하길 바란다. 이별의 고통이 끝나지 않기를 기도한다. 그래야 계속 비련의 주인공을 해 먹을 수 있을 테니까. 무서운 나르시시즘이다.

다음은 토이의 노래 〈바램〉의 가사 중 일부다. 절절하게 로맨틱하지만, 또 무서운 집착의 양날 검을 보여 준다.

영원히 너를 그리고 아파하며
날 살게 해 달라고 기도 드렸지
나 버림받았던 그날 밤

끝없이 흐느끼면서 (……)
숨어서 널 지켜볼게 너에게 부담된다면
영원히 기억 속에 널 간직할 수 있도록 도와줘


나르시시즘의 특징을 보이는 그대라면, 사랑을 할 때도 나르시시즘에 기반을 두고 할 확률이 굉장히 높다. 상대를 사랑하지 않는 건 아니지만 사랑을 하는 자신의 상태를 매우 사랑한다. 그래서 이별도 자체를 보는 게 아니라 '이별을 하는 나', 그 상태에만 집중, 과장하는 거다. 사랑도 이별도 다 왜곡된다. 자기 생의 우선순위는 오로지 '나'밖에 없으니까.

자, 기억하자. 이별의 감정을 인정하고 충분히 애도하되, 애도의 감정이 집착으로 흘러가지 않아야 한다. 충분히 슬퍼하는 애도의 과정을 보내라는 게 감정을 확대 재생산하라는 뜻은 아니니까. 우리에겐 슬픔을 느끼는 나도 있지만, 뚜렷한 직관과 이성, 건강한 방향성으로 나아가려는 나도 있다. 그 의지를 믿고 이별의 좌표로 삼으며 이별을 완성하는 거다. 그렇게 할 수 있어야 건강한 사랑이며 이별이다. 그래야 새로운 사랑을 하게 되었을 때 주저하지 않을 수 있다.
자, 사랑하라! 한 번도 상처받지 않은 것처럼!

## 아슬아슬한 연애인문학

ⓒ 윤이희나·이진아, 2010

초판 1쇄 발행 2010년 11월 19일
초판 6쇄 발행 2018년 12월 3일

**지은이** 윤이희나·이지나
**펴낸이** 이상훈
**편집인** 김수영
**본부장** 정진항
**기획편집** 고우리
**마케팅** 조재성 천용호 박신영 조은별 노유리
**경영지원** 이해돈 정혜진 이송이

**펴낸곳** 한겨레출판(주) www.hanibook.co.kr
**등록** 2006년 1월 4일 제313-2006-00003호
**주소** 서울 마포구 효창목길 6(공덕동) 한겨레신문사 4층
**전화** 02)6383-1602~3 팩스 02)6383-1610
**대표메일** book@hanibook.co.kr

ISBN 978-89-8431-433-7   13370

• 책값은 뒤표지에 있습니다.
• 파본은 구입하신 서점에서 바꾸어 드립니다.

• 한겨레에듀는 한겨레출판(주)의 교육·학습 브랜드입니다.